세븐체인지
SEVEN CHANGES

세븐 체인지

김정은 지음

운 명 을 바 꾼
그녀들의 성공습관

7

한국경제신문

———

"같은 값이면 (회사에서 일할 사람 뽑을 때) 남자 씁니다."
패션브랜드 'MCM'으로 잘 알려진 성주그룹의 김성주
회장이 한 말이다. 여성인 김 회장조차도 직원을 뽑을
때 남성을 쓰겠다고 공언한 셈이다. 이 이야기는 사람들
의 입에 오르내리며 화제가 된 적이 있다.

　'그래도 같은 여자끼리 좀 심했다. 그렇게까지 말하
는 건 좀 너무한 것 아닐까.' vs. '어휴, 오죽하면 그랬
을까. 왜 그런 말이 나왔는지 인정할 건 인정하고 이 김
에 반성해야 돼.' 논란은 꽤 뜨거웠다. 사실 이 이슈엔
정답은 없을지도 모른다. 하지만 여성기업인조차 '여자

안 쓴다' 면서 공식적인 자리에서 대놓고 이야기하는 게 오늘날 우리 사회의 한 단면이다.

내가 십년 넘도록 일하고 있는 신문사도 대표적인 '남탕' 조직이다. 매년 수습기자를 신규 채용하는데, 신입 기자의 TO는 보통 한 자릿수 수준이다. 내가 입사했을 당시 우리 기수는 총 9명, 그중 여성기자는 나를 포함해 3명이었다.

하지만 그때만 해도 여기자를 3명 '이나' 선발하는 것에 대해 저항감이 컸다고 한다. '여자를 너무 많이 뽑는 것 아니냐' 면서 사내에서 치열한 갑론을박이 있었다고 들었다. 채용 과정에 관여했던 한 선배기자는 "사실 성적순으로 뽑으면 죄다 여자야"라는 말을 하기도 했다.

세상이 변하고 있다. 전체적인 변화의 속도는 더딜지 모르지만, 우리는 피부로 조금씩 느낄 수 있다. 보수적인 신문사도 변했다. 어느덧 수습기자의 절반 이상이 여기자로 채워졌다. 여기자를 더 많이 뽑은 해도 있다. "(여자)애들이 워낙 똘똘해서 말이지"라는 뭔가 객쩍은 말과 함께.

우리는 여성 대통령의 시대를 거쳤고 새로운 정부는 내각을 구성하며 여성 장관 비율 30%를 달성했다. 주요 기업의 임원 자리엔 하나둘씩 여성들이 등장하고 있다. 어느 때보다 창업의 붐이 거센 요즘, 스타트업들의 대표 도 여성들로 채워진다.

그럼에도 불구하고 국내 기업문화는 여전하다. 겉으로는 양성평등을 주장하고, '여성이 일하기 좋은 일터'를 표방하지만 속내는 다르다. 여성 인력에 대한 근본적인 불편함 및 주저함은 내가 입사했던 십여 년 전과 그리 달라진 게 없는 것 같다. '좀 모자란 듯해도 오래 같이 일하기엔 남자가 낫지', '예민하고 감성적이라 (같이 일하기엔) 피곤해', '결혼하고 애 낳으면 어떡해? 애 키워야 한다며 그만둘 수 있잖아' 이런 속내다.

일반적인 여성 직원에 대한 편견과 선입견이 이렇게

두껍고 벽은 높다. 그렇다면 여성CEO에 대한 우리의 시각은 어떨까. 여성이 대표인 기업에 대해 사람들은 어떻게 볼까.

이 책의 시작은 2017년 초부터 한국경제신문 중소기업면에 연재를 시작했던 '김정은기자의 여풍당당'이라는 코너다. 여풍당당은 말 그대로 '여성이 일으키는 멋진 바람'이란 뜻이다. '세상의 절반은 여성이고, 여성들 중 기업을 하는 이들도 꽤 될 텐데 왜 여성기업인에 대한 기사는 찾아보기 힘든 걸까' 하는 문제의식에서 시작한 기획이다.

이 기획기사를 오랫동안 연재하면서 나는 수많은 여성CEO를 만났다. 그녀들이 살아온 이야기와 기업을 일궈낸 스토리는 대하소설을 연상케 할 정도로 흥미진진했다. 감동과 교훈이 있었고, 함께 울고 웃으면서 그들의 이야기 속으로 빨려 들어갔다.

그러다 문득 '나만 알고 있기 아까운 스토리'라는 생각이 들었다. 내가 느꼈던 생생한 인생 교훈을 보다 많은 사람들과 나누고 싶었고, 지면 기사에 미처 담지 못한 비하인드 스토리도 살려내고 싶었다.

이 원고가 빛을 보게 될 수 있었던 건 그래서다. 처음 시작은 보다 많은 여풍당당 이야기를 싣자는 것이었으나, 여러 사람들의 좋은 의견들이 보태져 발전을 거듭했고 '여성 자기계발서'라는 지금의 모양새를 갖추게 됐다.

아낌없는 격려를 해 준 한경BP의 한경준 대표님을 비롯해 유능한 편집자, 중소기업부 선후배님들께 감사드린다. 한국여성경제인협회 서울지회가 없었다면 엄두도 내지 못했을 것이다. 부모님과 남편, 딸과 뱃속에 있는 아들에게 이 소중한 책을 바친다.

SEVEN
CHANGES
CONTENTS

○ 계난경 동학식품 대표

귀여운 모양과 독특한 식감으로 어린이들에게 인기를 얻고 있는 국내 1위 구슬아이스크림 '미니멜츠' 제조사인 동학식품의 대표. 학부 졸업 뒤 결혼해 삼남매를 키우는 평범한 주부의 인생을 걸어왔다. 하지만 사업을 하던 남편은 지병이 갑자기 악화돼 별세. 그 바람에 남편의 뒤를 이어 2009년 동학식품 대표로 취임했다. "얼결에 대표 자리에 올랐고, 모든 게 전쟁이었다"고 회고한다.

첫 출근 때 직원들을 모아놓고 솔직하게 이야기했다. "저는 살림만 하던 주부였어요. 회사를 잘 모릅니다. 그래서 여러분의 도움이 필요합니다. 제가 살펴보니 우리 회사 직원들의 월급이 걱정이 될 정도로 참 낮더군요. 일단 봉급부터 올려드릴게요."

예상치 못한 상황은 그녀에게 숨겨져 있던 도전 DNA를 끄집어냈다. 사업을 공격적으로 한 덕분에 계 대표 취임 이후 동학식품은 급성장, 충북 음성에 세계 최대 규모의 구슬아이스크림 공장을 지었고 자체 연구개발(R&D)을 통해 다양한 제품을 내놓아 인기 몰이를 했다. 기술력도 갖춰 국내 초저온 냉동기술 선두주자로 꼽힌다. 학교 급식을 비

롯해 대형마트와 편의점, 홈쇼핑, 군부대 등으로 거래처를 확대, 최근
엔 일본 도쿄의 디즈니랜드에 입성했다. 전 세계 10여 개국에 수출하
는 지경에 이르렀다.

계 대표는 직원 80여 명에게 일일이 손편지를 써 주고, 자녀들의 입
학 선물까지 챙기는 '자상한 사장님'으로 소문났다. 체육대회 뒷풀이
나 회식 때 공장에서 근무하는 아주머니들과 술 한 잔 걸치는 게 사는
즐거움이라고.

○ 김순자 한성식품 대표

1986년 김치 제조업체 한성식품을 설립해 매출 550억 원을 올리는
국내 1위 김치회사로 키웠다. 태어날 때부터 특이체질이어서 육류나
생선을 소화시키지 못해 밥과 김치를 먹고 컸다고 한다. 때문에 어린
시절, 김장하는 날은 그녀에게 축제였다.

내가 좋아하는 것을 사업으로 발전시켜 성공한 교과서적인 케이스
다. 김 대표는 자신이 만든 김치가 '맛있다'는 이야기를 들었을 때 아
드레날린이 샘솟는다. "무슨 여자가 사업이야"라는 소리를 들으면
'더럽고 치사해서 내가 때려치고 만다'고 생각했으나 회삿일이 바빠
서 이내 잊어버리고 하루하루 몰두하다보니 여기까지 왔다. 적극적
이고 긍정적인 성격에 강단과 정신력까지 갖춘 성품을 지녔다.

한성식품이 본격적으로 큰 것은 1988년 서울올림픽과 2002년 부산

아시안게임 등 국제행사에 김치를 납품하면서부터다. '맛이 변함없이 좋다' 는 평가를 받음. 이젠 특급호텔을 비롯해 대형병원, 관공서, 학교, 백화점, 대형마트 등 전국 1만여 곳으로 거래처를 확대했다. "대한민국 국민이라면 내가 만든 김치를 한 번쯤은 먹어봤을 것" 이라는 게 김 대표의 말이다. 김 대표는 김치 공부도 열심히 해서 2007년 대한민국 김치명인 1호로, 2012년 대한민국 식품명장으로 선정되었다. 경기도 부천에 관광 테마파크인 '김순자 명인 김치테마파크' 를 열고 김치의 세계화에 기여하고 있는 '민간 외교관' 이기도 하다.

○ 윤공순 99플라워 대표

국내 1위 꽃배달업체 '99플라워' 대표. 시작은 1981년 경기 평택에 위치한 3.3㎡(1평)도 안 되는 작은 꽃집이었다. 타고난 손재주와 뛰어난 사업수완, 남다른 안목으로 동네에서 "저 집 꽃 참 괜찮대" 하는 입소문이 나며 금세 유명해졌다.

화원을 확장하며 사세를 키우다가 용기를 내 서울 입성을 결심, 2006년 양재동 꽃시장 앞에 99플라워를 설립했다. 처음엔 자본이 부족해 온라인쇼핑몰 위주로 시작한 게 '신의 한 수'. 남들이 안 하는 기발한 제품과 빠른 배송, 친절한 응대로 전국 1위 꽃배달업체로 키웠다. 어려운 집안 환경 탓에 초등학교도 마치지 못하는 등 윤 대표의 시작은 미약했지만 길가에 핀 들꽃처럼 묵묵하고 성실하게 '꽃집' 이라는 외길만 걸었다.

99플라워의 원동력은 '개미군단'이라 불리는 일반 소비자들. "꽃 제품이 다양하고 배송이 빠르다"는 입소문을 퍼뜨린다. 꽃바구니에 금줄 두르고 고추(남아용)를 매단 출산바구니 같은 특화상품이 히트했다.

2016년 창업 10주년을 맞아 서울 양재동에 사옥을 짓고 이름을 '윤공순 빌딩'이라고 지었다. 대표 집무실은 지하에 뒀고 옆방은 직원 휴게실로 만들었다. 휴게실 냉장고는 캔맥주로 가득해 직원들이 삼삼오오 모여 '낮술'하며 대화하도록 배려했다. 요즘 젊은 친구들 사이에서 99플라워가 '일하고 싶은 회사'가 된 가장 큰 이유다.

"꽃은 사람의 희노애락과 함께하죠. 상대방의 감정을 살피고 눈높이를 맞춰야 합니다. 인생도 그렇지 않을까요."

○ 윤소라 유아이 대표

창업계에서 알 만한 사람은 다 아는 '재수생'. 17년간 직장생활을 하다가 섬유업체를 창업했으나 준비 부족으로 처절하게 '말아먹었'다. 일단 새 직장에 다시 들어갔음에도 불치병인 '사업병'이 또 도졌다. 가족들에게까지 비밀로 하면서 이를 악물고 재창업 준비를 했고, 마흔네 살 늦은 나이에 산업용 테이프 제조업체 유아이를 재창업하기에 이르렀다.

3M 같은 글로벌 대기업이 주도하고 있는 산업용 테이프업계에서 유

아이는 틈새시장을 잘 공략하고 있다는 평가를 받는다. 유아이가 굳건하게 버틸 수 있는 비결은 기술력. 중소기업이지만 연구개발에 투자하고 한 발 한 발 미련하다 싶을 정도로 정도(正道)만 걸음.

윤 대표는 창업을 꿈꾸는 후배들에게 '실패를 하더라도 이내 툭툭 털고 일어날 수 있는 용기와 배짱'이 가장 중요하다고 늘 강조한다. "누구나 한 번쯤은 실패를 하는데, 사실 실패만큼 큰 자산이 없다"는 게 윤 대표의 철학이다.

국내 여성벤처기업인들의 모임인 여성벤처협회 10대 회장으로 여성 CEO들의 중심축이 되며 끈끈한 '자매애'를 이끌고 있다. 결혼과 출산, 육아를 겪는 여성만의 정체성이 기업을 이끌어가는 데 오히려 도움이 된다고 이야기한다. 시야가 넓어지고 한층 성숙해지기 때문이라는 게 그의 주장.

○ 임미숙 아로마무역 대표

무역회사에서 경리로 일하며 바닥부터 배우다가 '내 사업'에 도전한 여성CEO. 2000년 아로마무역을 창업, 초기엔 유럽에서 천연 목욕용품을 들여와 팔았으나 대기업들에 밀려서 고전했다. 이후 '틈새시장을 공략해야만 살아남겠다'는 생각을 굳혔다.

미국 1위 고급 향초 브랜드로 유명한 '양키캔들' 미국 본사에 무작정 찾아가 "한국엔 아직 향초시장이 없지만 내가 한번 만들어 볼 테니 믿고 맡겨달라" 고 설득. 임 대표는 끈기와 열정으로 양키캔들 본사서 승낙을 얻어냈다. 양키캔들을 국내에 들여와 팔다가 '판을 크게 벌려도 되겠다' 는 직감에 프랜차이즈 가맹사업을 시작, 가맹점 수가 전국 150개를 돌파했고, '향기 산업을 대중화시킨 주역' 이라는 평가를 받게 되었다. 양키캔들이 한국에서 성공하자 미국 본사에서도 놀란 나머지 "아로마 무역의 선진화된 시스템을 배워가겠다" 며 본사 CEO가 방한하기도 했다.

남의 물건을 들여와서 팔다보니 어느 순간부터 '내 브랜드' 에 대한 욕심이 생겼고, 내친 김에 제조공장을 짓고 생산에 뛰어들며 또 다른 도전을 시작했다. 얼마 전엔 수출을 시작하며 해외시장 공략에도 나섰다. 아파트 고층인 자택의 계단을 걸어서 오르내리고 쉴 새 없이 몸을 움직이는 부지런함의 소유자인 임 대표. 평소 내성적이고 낯을 가리지만 사업할 때는 추진력 있는 불도저로 돌변한다.

○ 정미정 이든네이처 대표

KBS의 잘나가던 아나운서였고 '가요톱텐', '도전 주부 가요스타' 등 굵직한 프로그램을 맡아 인기도 얻었었다. 만삭의 몸으로 생방송 뉴스를 진행했을 정도로 일 욕심 많은 커리어우먼. 13년간 탄탄히 입지를 다졌으나 '더 넓은 세상에 나가고 싶다' 는 욕심에 2002년 돌연 사표를 제출한다.

이후 건강기능식품회사에서 6년간 일하며 '공부' 한 다음, 제대로 된 홀로서기에 도전한다. 2008년엔 건강기능식품업체 이든네이처를 창업하기에 이른다.

발효와 효소를 키워드로 세상에 없던 건강기능식품을 만들어 내놓으며 존재감을 알렸다. '식사를 바꿔라' 는 구호를 내세우며 돌풍을 일으켰다. 발효식과 통곡물 제품은 효과가 좋아 금세 사람들 사이에 입소문이 났고, 전국에 판매파트너 1,000여 명을 확보, 제품을 체험할 수 있는 곳을 '힐링카페' 로 꾸며 동네 사랑방처럼 만들고, '동안미인선발대회' 를 여는 등 차별화된 감성 마케팅을 시도했다. 경쟁업체들이 뒤늦게 카피하기 시작했으나 정 대표를 따라오기엔 역부족이었다. 판매파트너들을 집으로 초대해 직접 요리한 식사를 대접하며 인생조언까지 해주는 '코칭하우스' 로 인기 만점 CEO. 10년 후, 예순이됐을 때도 청바지에 카우보이모자를 코디할 수 있는 멋진 중년이 되는 게 꿈.

○ 이기화 다산회계법인 대표

70여 명의 회계사를 보유한 중견 회계법인인 다산회계법인의 대표. 다산 정약용 선생의 '실사구시' 정신에 기반, 팩트에 입각한 회계감사와 휴머니즘을 내세우며 국내 회계업계에서 인정받고 있는 저력 있는 회사다. 경륜 많은 회계사들이 숙련되고 안정적인 업무를 제공하는 '원스톱' 서비스로 차별화했다.

더불어 국내 여성CEO들의 대표적인 모임인 한국여성경제인협회 서울지회장을 맡아 종횡무진 뛰고 있다. 판로개척에 어려움을 겪고 있는 여성기업을 위해 '공공브로서'를 제작, 공공기관에 배포하고, 창업을 꿈꾸는 여성들을 위해 보육센터를 확충하는 등 실질적인 도움을 주고 있어 여성기업인들에게 인기가 많다.

'활자중독'이라는 얘기를 들을 정도로 글자를 읽는 것을 좋아한다. 손에서 책과 신문을 놓지 않을 정도다. 특히 '경제신문은 정보와 지식의 바다'라는 게 그의 철학이다. 사업하는 사람이라면 늘 신문을 가까이 해야 한다고 생각한다. 그래서 콘텐츠가 풍부하고 아는 게 많아 신문에 칼럼 연재를 할 정도다. 곧 다가올 4차 산업혁명 시대는 여성들에게 기회의 땅이 될 것이라는 게 그의 생각이다. 꼼꼼하면서도 차분한 성격이지만 업무를 할 때는 저돌적이고 공격적인 모습을 보여 반전 매력이 있는 기업인이다.

Challenge
일단 도전하라

SEVEN CHANGES

윤공순

7

"남편이 제 곁을 떠나갔어요.
어린 아이들을 껴안고 울기만 했어요.
돌이켜 보니 그건 하늘이 내린 기회였습니다."

윤공순 99플라워 대표

●
○
●

윤공순 99플라워 대표의 이야기

사권 지 백일, 결혼기념일, 프로포즈, 결혼, 어버이날, 스승의 날, 출산과 개업, 장례식 등. 우리는 살다보면 수많은 기념일을 마주하게 된다. 기념일 때 가장 많이 하는 선물은 아마도 꽃일 것이다. 풍성한 장미꽃과 안개꽃 한 다발은 내 사랑을 대신 전해주는 메신저다. 급작스럽게 마주한 죽음 앞에서는 하얀 국화가 슬픔을 대신한다. 사업이 번창하길 바라는 간절한 염원을 담아 근사한 화분을 보내고, 부모님에 대한 고마움은 커다란 꽃바구니로 표현한다.

우리나라에서 꽃 선물을 해 본 사람은 아마도 '99플라워(구구플라워)'를 한 번쯤 이용해봤을 것 같다. 설령 이용해본 적은 없더라도 이름은 들어봤을 것이다.

99플라워는 국내 꽃 배달 업계 1위 회사다. 홈페이지나 콜센터로 꽃 제품을 주문하면 총알같이 꽃을 배송한다. 꽃의 품질이 좋을 뿐 아니라 다양한 종류의 많은 꽃들을 갖추고 있다. 예쁜 디자인과 소비자 취향에 맞는 선물세트, 정확하고 빠른 대응으로 1위 기업이 됐다.

99플라워를 이끄는 윤공순 대표는 '들꽃' 같은 사람이다. 누군가를 처음 만나는 자리에서 스스럼없이 "저는 초등학교도 못 나왔어요. 집이 못 살았고 공부도 못 했거든요"라고 웃으면서 먼저 이야기한다.

상대방은 처음엔 당황하지만 이내 '저 사람은 자신의 치부라고 할 수 있는 부분을 먼저 드러내는 구나' 하는 생각과 함께 자연스럽게 윤 대표에 대해 마음을 열게 된다. 왜 그런 얘기를 먼저 하냐고 물어보면 "'나처럼 못 배운 여자도 보란 듯이 성공할 수 있다'는 걸 알려주고 싶어서예요"라 대답한다.

하지만 99플라워의 시작은 우여곡절이 깊다. 그녀는 22살이 되던 때 경기도 평택에서 과일 노점상을 시작했다. 과일이 실린 무거운 리어카를 이리저리 끌고 다니다가 변두리 동네에 위치한 작은 건물의 1층 코너 자리가 빈 것을 알게 됐다. 한 평도 채 되지 않는 정말 작은 크기였다.

'여기다!' 싶었다. 이곳에 작은 꽃가게를 하는 내 모습을 머릿속에 그려봤다. 평소에 워낙 꽃을 좋아하던 터였다. 그길로 과일 장사를 때려 치고, 꽃 장사를 해 보고 싶었다. 그 당시엔 그런 생각이 '무모한 도전'이라는 것조차 잘 몰랐다.

그래서 무작정 가게주인을 찾아가서 사정하고 매달렸다. 보증금을 낼 돈도 없었지만, 그런 배짱이 어디서 나왔는지 모를 일이었다. 그의 사정이 딱해 보였던지 집주인은 "그러마" 했고, 윤 대표의 떠돌이 생활은 청산됐다.

동네 작은 꽃가게였지만 최선을 다했다. 꽃시장에서 물건을 떼어올 땐, 다른 꽃집에서 잘 팔지 않는 특이한 꽃 위주로 가져왔다. 리본 색깔을 달리 하고, 디자인에

변형을 주는 등 하나라도 남들과 다르게 하려고 노력했고 그 노력은 조금씩 효과를 보기 시작했다. 사업수완도 생겼다. 수익도 났다. 장사머리가 발전하면서 이 작은 꽃집은 동네에서 '참 괜찮은 꽃집'으로 입소문이 나기 시작했다.

첫 번째 도약의 계기가 찾아온 건 그때였다. 작은 꽃집이 답답하던 차였다. 외곽으로 눈을 돌렸다. 80여 평 규모의 비닐하우스를 확보해 꽃집을 이전했다. 넓은 공간을 확보한 만큼 다양한 품종을 갖춰나갔다. 주로 고급 화분에 주력했고 기업 고객을 상대했다. 다른 화원들이 잘 하지 않았기 때문이다. 또 그만큼 마진도 많이 남았다. '비싸지만 고급스러운 꽃'이라는 차별화 전략이 먹혔다. 평택을 넘어 인근 오산과 송탄까지 소문이 났다. 큰 트럭으로 두 대 이상 꽃을 가득 실어나갔다. 꽃집은 날로날로 번창했다.

현실에 안주할 법도 했지만, 윤 대표는 그 무렵 새로운 도전을 하기로 마음먹었다. 인터넷에서도 꽃을 팔겠다는 생각을 가진 것. 자체 인터넷 쇼핑몰을 만들어서 열었다. 주변에서는 다들 "가게에서 잘 팔리는데 뭐 하러 그런 일을 하냐"면서 뜯어말렸다. 하지만 윤 대표의 생각은 굳건했다. 인터넷이 조금씩 보급되던 때였기 때문이다. 앞으로 더 많은 사람들이 컴퓨터를 켜고 PC를 통해 꽃을 살 것이라는 확신이 들었다. 온라인몰은 야후 코리아에서 검색이 됐고, 쇼핑몰을 통한 소비자 유입도 늘었다.

멋진 꿈을 그리던 일상이 갑자기 변화하게 된 건 그 무렵이었다. 남편과 헤어지게 됐다. 평택의 화원을 전 남편에게 넘기고 서울로 입성했다. '이쯤하면 서울에 가서도 잘 되겠지'라는 생각도 있었다. 모험심이 발동했다. '꽃의 메카'로 불리는 서울 양재동 꽃시장 근처로 가서 일단 작은 사무실을 얻었다. 진짜 '내 사업'을 시작했다. 이때부터 회사 이름을 '99플라워'라고 지었다. '고객을 99% 만족시키겠다'는 뜻을 담은 회사명이었다. 두 번째 도약의 시간이었다.

99플라워가 초기부터 온라인쇼핑몰을 운영하게 된 것은 아이러니하게도 자금이 부족해서였다. 적은 예산으로 공간을 구하다 보니 얻게 된 사무실은 작았고, 많은 꽃들을 가져다 놓기에도 역부족이었다. 직원들의 숫자도 적었다.

최소한의 인원으로 할 수 있는 것이 통신판매였다. 그 무렵 윤 대표는 텔레비전을 보다가 소아마비 후유증으로 장애를 앓고 있는 한 아저씨가 인터넷을 통해 쌀을 판매하는 내용의 프로그램을 접했다. 머릿속이 갑자기 맑아지는 기분이었다. '이렇게 몸이 불편하신 분도 사업을 할 수 있다니, 온라인은 기회의 땅인가 보다. 사지가 멀쩡한 나는 저 분보다 더 잘할 수 있을 거야.'

독한 마음을 먹은 그는 하루에 두 시간 넘게 자지 않았다. 평택에서의 성공은 잊은 지 오래였다. 남들보다 몇 배 더 열심히 해야 한다는 생각이 머릿속에 가득했다. 새벽까지 인터넷쇼핑몰에 올릴 꽃 제품의 사진을 찍었다.

첫 번째 C. Challenge

윤 대표는 본격적으로 사업을 추진해 나갔다. 신생업체인 만큼 '이름 알리기'에 주력했다. 회사 이름을 딴 '99 이벤트'를 시도했다. 9시에 9명에게 반값에 꽃을 파는, 파격적인 행사였다. 99플라워에서 한 번이라도 꽃을 산 소비자에겐 무조건 10% 할인해줬다. 한 번 주문한 고객은 절대 놓치지 않았다. 광고도 시작했다. 온라인몰인 만큼 포털사이트 등 인터넷 광고에 주력했고, 책받침을 만들어서 거리를 지나다니는 사람들에게 나눠줬다.

한편으로는 다양한 꽃 제품을 갖춰나갔다. 아이디어가 떠오르는 대로 메모했고, 직원들과 토론을 거쳐 이를 제품화시켰다. 99플라워의 대표작 중 하나인 '출산바구니'도 이때 등장했다. 남아를 출산한 산모에겐 고추 등을 매단 풍성한 꽃바구니다. 다른 업체들은 99플라워의 출산바구니를 곧 따라했다. '남들과 단 하나라도 달라야 한다'는 게 윤 대표의 사업 철학이었다.

99플라워는 쑥쑥 컸다. 금세 상위권 업체로 도약했다. 그러다 보니 다른 회사들의 시기질투는 덤으로 따라

왔다. "대표라는 사람이 어쩜 저렇게 촌스러워", "일부러 저런 차(소형차) 타는 거 아냐", "신발 봐, 싸구려만 신잖아" 검소한 윤 대표를 둘러싼 각종 뒷담화였다. 윤 대표는 속 좋게 웃어넘겼다.

이제 99플라워는 명실상부 국내 대표 꽃배달업체로 자리매김했다. 2016년, 창립 10주년을 맞아 양재동에 사옥을 지었다. 감각적인 디자인을 한 이 건물은 특이하게도 대표 집무실이 지하에 있다. 대표 집무실 바로 옆은 직원들의 휴게실이다. 휴게실 냉장고엔 캔맥주가 가득하다. 삼삼오오 모여 담소를 나누는 직원들은 맥주를 들이키며 즐거워한다. 얼굴 표정이 어두운 직원이 있으면 윤 대표는 다가가서 "우리 캔맥주나 마실까" 하고 마음을 헤아린다. 상대방의 마음을 읽는 것이 최고의 복지라는 게 윤 대표의 철학이다.

●
○
●

마음에 '굳은살' 만들기

"때려치고 내 사업이나 해야지."

오늘도 수많은 직장인들이 마음속으로 되뇔 말이다. 출근길 지하철은 발 디딜 틈조차 없어 피곤함을 가중시키고, 상사는 유독 나만 힘들게 하는 것 같고, 이메일을 보낸 지가 언제인데 거래처 담당자는 함흥차사, 회사 매출이 안 좋아지면서 만날 깨지고, 게다가 월급은 왜 이렇게 적게 느껴지는지, 과연 나는 앞으로 얼마나 직장생활을 더 할 수 있을까. 힘들고 고달픈 월급쟁이 생활은 쳇바퀴 돌듯 매일 반복된다.

유독 잘 안 풀리는 힘든 하루를 보낸 뒤, 데친 시금치처럼 풀죽은 얼굴로 퇴근하는 길에 스마트폰으로 포털 화면의 뉴스를 살피다가 이런 헤드라인과 기사들을 보게 된다.

'샐러리맨 창업 신화'

'아이디어 하나만으로 연매출 50억… 해외 투자받은 스타트업'

'꿈은 이뤄진다… 나도 이젠 사장님'

'국내 창업 역대 최대… 정부, 창업 지원금 대폭 확대' 등.

그리고 보니 회사 근처 모퉁이에 새로 연 작은 커피숍은 사람들로 바글바글하다. 점심식사를 한 뒤 동료들과 커피를 마시면서 "우리도 저런 거 차려볼까" 하며 농담조로 이야기했던 기억이 난다. 작은 공간이지만, 내 사업 아닌가. 부러움이 반쯤 섞인 이야기였다.

'언제까지 남들이 시키는 일만 하고 살 것인가' 하는 회의감이 갑자기 밀려온다. 한 번 뿐인 인생, 후회 없이 하고 싶은 일을 하면서 살고 싶어졌다. 나만의 사업, 내

비즈니스에 대한 욕심이 꿈틀거린다. 수명은 길어졌지만, 오십 줄엔 은퇴해야 한다. 아니, 오십까지 과연 버틸 수 있을까. 수많은 변수들이 있다. 평생 월급쟁이로 살 수는 없을 텐데. 언젠가 나도 홀로서기를 해야 한다.

내가 원래 잘 하는 것, 내가 좋아하는 게 뭐였더라. 생각은 꼬리에 꼬리를 물기 시작한다. 내 가슴을 뛰게 하는 일은 뭐였을까. 비록 지금은 작은 중소기업에서 경리 업무를 보고 있지만, 학창시절에 그림 그리는 것을 좋아했다. 글재주가 있어서 백일장에 나가면 꼭 상을 타 오곤 했다. 엄마로부터 손재주를 이어받아서 뭐든 뚝딱 만들어냈다. 입을 열고 이야기를 시작하면 사람들은 내 이야기에 귀를 기울이며 재밌다고 했다.

가만 보자, 나도 알고 보면 재능을 하나쯤은 가진 사람이었다. 어릴 때 꾸던 꿈은 호화찬란했다. 하지만, 일상에 매몰되고 하루하루 사는 일에 치이다 보니 잊고 살았던 것뿐이었다. 밥벌이는 고단함이 더 컸다.

부모님은 늘 그러셨다. '늦었다고 생각할 때가 가장

빠른 때다.'

그래, 지금 시작해야겠다. 절대 늦지 않았다. 내 나이가 어때서. 백 살까지 사는 장수 시대 아니던가. 아직 인생의 반환점도 돌지 않았다. 새로운 출발점에 곧 서게 될 것이라고 생각하니 갑자기 가슴이 뛴다. 누구나 시작은 미약했다. 스티브 잡스도, 마윈도 그랬다.

아직은 생각뿐이지만, 일단 난 마음을 먹은 거다. 정말 잘했다고, 큰 결심과 대견한 결정을 한 것이라면서 내 자신을 다독인다. 오늘의 마음가짐을 잊지 말자. 자, 이제부터 시작이다.

독자 여러분의 삶이 보이는가? 사실 창업의 계기는 각양각색이다. 중요한 도전인 만큼 이유도 다 다르다. 앞서 언급한 것처럼 샐러리맨 생활을 벗어나 나만의 사업을 하고 싶어서 안정된 직장을 박차고 나오는 사람도 있다. 어릴 적부터 '사장님'이 돼 내 회사를 꾸려가고 싶었던 사람도 있을 것이다. 사업 아이디어를 발전시키다가 우연찮게 자립의 기회를 잡게 된 이들도 있을 것이고, 또 마음 맞는 친구나 동료끼리 의기투합해서 스타트업을 차리기도 한다.

윤공순 대표 역시 시작은 아주 미약했다. 평택의 작은 꽃집에는 사실 약간의 보증금이 걸려 있었다. 하지만 가난했던 윤 대표는 그 보증금을 낼 돈이 없었다. 그래서 가게 주인을 찾아가 "사정을 좀 봐 달라"고 애원했다. 몇 차례나 간절하게 청하자, 주인은 마지못해 고개를 끄덕이며 유예 기간을 줬다. 주변을 수소문해서 돈을 간신히 빌릴 수 있었던 윤 대표는 한숨 돌리게 됐다. 하지만 그는 이를 악물며 속으로 다짐했다.

'오늘 내가 느낀 이 기분을 잊지 말자. 나는 무슨 일이 있어도 꼭 성공해야겠다. 앞으로 내가 정말 잘되는 것이야말로 진정한 복수일 거다.'

필자가 만나본 많은 여성CEO들은 창업을 하기 위해서 꼭 필요한 것 중 하나가 '마음의 준비'라고 입을 모은다. 사실 회사를 경영한다는 것은, 회사의 규모나 업종을 떠나 펜스 없는 정글 한 가운데로 걸어 들어가는 것과 마찬가지다. 그동안 샐러리맨 생활을 할 때는 무슨 일이 생기거나 돌발 상황이 발생하면 조직이 나를 보호해줬다. 나는 가만히 있으면 됐다. 학창시절엔 부모님이 내 보호자 역할을 했다. 여태까지는 어떤 형태이든 울타리가 있었다.

하지만 앞으로는 모든 사람이 나만 쳐다보게 된다. 작은 가게를 하더라도, 챙길 것은 수도 없이 많다. 하물며 회사의 대표가 되면 하루하루가 크고 작은 결정의 연속이다. 무슨 일이 있어도 직원들의 월급을 줘야 하고, 세금도 내야 한다. 그러기 위해서는 실적과 매출이 나야한다. 매일 평가 받는, 잔인한 일상이 되는 것이다.

그렇기 때문에 내 마음은 단단해져야 한다. 힘든 일이 닥친다고 직원들 앞에서 눈물을 보일 수는 없지 않은가. 우는 사장님을 보는 직원들은 속으로 어떻게 생각할까. '저렇게 약해빠진 사장님을 어떻게 믿을 수 있겠어.' 아마 몰래 이직 준비를 할 것이다. 비바람이 몰아치고, 천둥 번개가 쳐도 '어머, 그럴 수도 있지 뭐'라면서 툭툭 털어 넘길 수 있는 대범함을 갖춰야 한다. 지금 내가 겪고 있는 고난이 멀리 내다봤을 때 오히려 전화위복이 될 수 있다면서 아무렇지 않게 여겨야 한다.

그렇게 생각할 수 있는 배포를 키워야 한다. 마인트컨트롤부터 시작하자. 하이힐을 신고 오래 걷거나, 새 구두에 발을 적응시키다 보면 발바닥에 굳은살이 생긴다. 굳은살이 생긴 부분은 감각이 무뎌지고 꼬집거나 잡아 비틀어도 느낌이 없다. 사업을 시작하는 우리의 마음도 비슷해야 한다. 마음에 굳은살이 생겨야 한다.

마음을 단단히 먹었다면 사실 절반쯤 온 것이나 다름없다. 내면의 준비가 얼추 됐다는 생각이 들면 이제는 실질적인 대비를 해야 할 차례다.

보통 창업을 할 때는 내가 잘 아는 분야를 선택하는 경우가 많다. 그 분야와 관련된 회사생활을 수년간 했거나 관련 분야에 종사했던 경우가 다반사다. 몇 년 동안 쌓아온 지식과 노하우를 어느 정도 갖춘 상황이다. 관련 인맥도 적당히 있고, 업계에서 내 평판도 나쁘지 않다. 그런 점에서 남들보다 유리한 출발선에 서 있다. 자만하지 말자. 철저한 준비를 갖춰야 한다.

그전까지는 '회사의 클라이언트'였지만, 앞으로는 '나만의 클라이언트'로 만들어야 할 때다. 예전 회사가 아니라 나와 함께 일하면 어떤 점이 좋고 이득인지에 대해 상대편을 설득시킬 수 있는 논리가 필요하다. 그러기 위해서는 나만의 차별성이 필수적이다. 이를테면 가격 경쟁력이 있다던가, 새로운 제품의 출시를 앞뒀다든지, 혹은 새로운 활로를 개척할 수 있는 가능성 등이다. 이제는 '내 사람', '내 거래처'로 끌어들여야 하기 때문이다.

모든 사람은 관성을 갖고 있다. 본능적으로 변화를 두려워한다. 별 문제가 없고, 지금 상태가 만족스러운데 굳이 거래처를 바꿀 이유가 없다는 얘기다. 그렇기 때문에 내 회사는 달라야 한다. 지금 영업하는 업체들과 단 하나라도 차별점을 가져야 한다. 창업의 시작은 차별점이다. 명심하자.

물론 반대의 경우도 있다. 방향을 정 반대로 틀게 될 때다. 전혀 새로운 일을 하거나, 다른 분야에 뛰어드는 사람도 종종 목격된다. 어떤 이유에서든지 새로운 분야에 도전하는 경우다. 과일 노점상을 하다가 꽃집을 열게 된 윤공순 99플라워 대표가 이런 케이스였다. 윤 대표는 어릴 적부터 꽃을 좋아했다. 길가에 핀 이름 모를 꽃을 보면 마음이 설렜다. 하지만 단순히 내가 좋아한다고 해서 무턱대고 사업으로 이어갈 수는 없다.

그래서 윤 대표는 발로 뛰었다. 다른 사람들이 하는 꽃집을 찾아다니면서 장사수완을 관찰했고, 도매 꽃시장을 내 집처럼 자주 드나들었다. 도매에서 물건을 떼어 오기 위해서는 일단 내 안목부터 제대로 갖춰야 한다.

도매 꽃시장에서 내 마음 속으로 '이게 괜찮을 것 같다' 하면서 찍었던 꽃들과, 실제로 꽃집 주인들이 매장에 가져다 놓은 꽃들을 비교해 봤다. 사람들은 어떤 꽃을 많이 찾는지도 유심히 살폈다. 남자 손님들이 좋아하는 꽃과, 여성들이 선호하는 꽃은 달랐다. 잘 되는 꽃집과 파리 날리는 꽃가게도 비교했다. 회사의 개업식을 찾아가서 어떤 화분들이 선물로 들어오는지를 분석했고, 장례식장과 결혼식장도 찾아다녔다. 그렇게 다니다 보니 24시간이 모자랐다. 밤에는 내가 느낀 점들을 노트에 빼곡하게 정리했다. 이 노트는 나만의 교과서다.

창업 준비는 내가 오롯이 감내해야 할 몫이다. 결국 공부만이 답이다. 공부는 즉, 반복된 학습을 뜻한다. 하지만 이 공부가 '책상물림'에 그쳐서는 안 된다. 현장과 이론이 적절하게 조화돼야만 시너지 효과를 낼 수 있다. 창업 준비를 할 때는 꿈에서도 창업 시뮬레이션을 수백 번 해야 한다는 우스갯소리도 있다.

창업 준비로 힘들고 고달픈 하루를 보낸 당신은 한결 단단해진 마음을 만날 것이다.

●
○
●

뻔뻔해지라, 때론 비굴할 수도 있다

99플라워의 첫 매장을 자투리 공간에 열 당시 그녀는 보증금을 낼 돈조차 없었다. 하루 벌어서 하루 먹고사는 힘든 일상이었다. 하지만 돈이 없다고 포기하기엔 꽃집을 하고 싶은 마음이 너무 컸다. '나는 돈이 없으니까 안 되겠어'라면서 이대로 지나치고 넘어가 버리면 평생 후회가 될 것 같았다. 정말 해보고 싶었다.

그래서 뻔뻔해지기로 했다. 아는 모든 사람에게 연락해 도움을 요청했다. SOS 신호가 통한 것은 그의 큰언니였다. 당시 보증금은 10만 원이었다. 물론 돈을 빌리는 과정이 쉽지만은 않았다. 자괴감도 느꼈다. 인천에 사는 큰언니에게 10만 원을 받아서 집으로 돌아오는 길은 참 멀고도 길었다.

'나는 꼭 성공해야겠다. 오늘 느낀 이 비참한 기분을 오래도록 잊지 말자. 내가 할 수 있는 가장 큰 복수는 성공이다.'

본격적인 사업의 시작에는 갖춰야 할 것들이 있다. 회사를 꾸려갈 만한 공간을 확보하는 것도 중요하고, 사업 아이템을 정해서 그 분야를 파고드는 공부도 필수적이다. 그보다도 내 사업을 지속적으로, 안정적이게 끌고 나갈 수 있도록 충분한 '총알'이 확보돼야 한다. '자본금' 말이다.

하지만 역설적이게도 창업을 준비하는 많은 사람들이 가장 힘들어 하는 부분이 바로 이 자본금이다. 창업을 하는 연령대가 점점 낮아지고 있는 추세도 한몫한다. 직장생활을 오래 한 사람이라도 장사하기 충분한 목돈이 준비된 경우는 그리 많지 않다. 회사를 설립해서 경영하는 것은 돈이 더 많이 든다.

게다가 업계에서 내 회사가 자리 잡는 데는 시간도 많이 걸린다. 창업이 안정적 궤도에 오르려면 예상보다 훨씬 오랜 기간이 소요된다는 게 선배 창업자들의 공통된 지적이다. 그러다 보니 수익이 나기까지, 즉 손익분기점에 도달하기까지는 인내가 필요하다고 한다. 그 사이 직원들 월급을 줘야 하고, 각종 지출을 처리해야 한다. 이 고군분투의 시간을 견딜 수 있는 것은 두 가지다. 하나는 자본력, 다른 하나는 인내심.

윤공순 99플라워 대표가 가게를 시작했던 1980년대만 해도 창업에 대한 우리 사회의 제도적인 지원이 많이 부족했다. 게다가 윤 대표 같은 소자본 소상공인 창업은 더더욱 '사각지대'에 놓여 있었다. 그래서 윤 대표가 찾은 해법은 '주변 사람에게 손 벌리기'였다. 이 방법은 고전적이지만 꾸준히 쓰이는 방법이기도 하다. 여전히 많은 초기 창업자들이 일단 주변에서 돈을 빌린다. 주로 가족이나 친척, 친구들, 선배 등 모든 인맥을 총동원하게 된다.

사실 쉽지 않은 일이다. 일단 '아쉬운 소리'를 해야 한다. 그리고 상대방이 거금을 선뜻 내어줄 수 있도록 잘 설득해야 한다. 내 사업이 앞으로 잘될 것이라는 확신을 심어주어야 한다는 얘기다. '이런 돈도 없이 무슨 사업을 하려고 하냐'는 싫은 소리도 듣게 된다. 무엇보다도 이 과정에서 자존심에 많은 상처를 입는다. 혹자는 '내가 살아온 인생이 그렇게 헛됐나' 하는 생각에 눈물도 삼켰다 한다.

윤 대표도 큰언니에게 보증금을 빌리는 과정이 너무 힘들었다고 했다. 때문에 저절로 이를 악물게 됐다고 했다. 이를 뒤집어 생각해보면 이런 과정에서의 심적 고통은 오히려 창업 초창기의 '자극'이 될 수 있다. 나중에 사업이 잘되거나, 관성에 젖어 조금 헤이해질 수 있을 때 이때 기억을 떠올리며 내 자신을 바로잡을 수 있다는 이야기도 한다. 나중 일이긴 하지만, 어쨌든 창업을 하겠다고 마음먹은 사람은 누구나 한 번쯤 겪어야 하는 통과의례다.

두 번째 방법은 창업지원자금 등 정부에서 시행하는 제도를 활용하는 것이다. 국내 여성CEO들이 가장 추천하는 방법이며 현실적인 가능성이 가장 높은 방법이기도 하다.

중소벤처기업부(옛 중소기업청)는 자금이 부족한 초기 창업자를 위해 돈을 빌려주고 있다. 기술력을 갖추고 아이디어가 풍부하고 사업성까지 있으나 자금력이 부족한 중소기업이나 벤처기업의 창업을 활성화해 고용 창출까지 도모하겠다는 게 제도의 취지다.

실제로 창업지원금으로 지출되는 한 해 예산은 2조 500억 원에 달한다. 2016년엔 1만 2,920개 회사가 신청해 이 중 심사를 거친 9,299개 업체가 자금을 지원 받았다. 계산해 보면 한 회사당 받은 지원자금은 평균 1억 6,000만 원 선이다.

매우 훌륭한 액수며, 제도다. 이 정도의 자본금이면 초기 기업을 이끌어갈 수 있도록 숨통이 트인다. 융자 조건도 나쁘지 않다. 금리는 정책자금의 기준금리보다 조금 낮다. 거치 기간은 보통 5년에서 10년까지다. 기업의 특성이나 위치, 자금을 사용하는 목적에 따라 대출 한도는 천차만별이다. 초기 창업자에게 참 유용한 제도다.

여성기업만을 위한 자본금 지원제도도 있다. 특히 재정적인 여유가 그리 많지 않은 여성 창업자만을 위한 맞춤형 대출이다. 중소벤처기업부는 창업을 원하는 저소득층 여성을 대상으로 5,000만 원까지 임대보증금을 지원한다. 금리는 2.0%로 낮은 편이다. '한번 해보겠다'고 나선 여성들의 의지를 북돋아주고, 여성의 경제활동을 지원하겠다는 취지다.

창업자를 위한 대출 제도는 중소벤처기업부에서만 운영하는 것이 아니다. 중소기업진흥공단을 비롯해 한국여성경제인협회, 한국여성벤처기업협회, IBK기업은행, 기술보증기금 등 다양하다. 내가 처한 상황과 내 회사의 성격을 꼼꼼하게 따져봐야 한다. 내가 시작하는 사업이 차별화된 기술 위주인지, 아이디어가 경쟁력인

첫 번째 C. Challenge

지, 유통 채널은 어떤지 등등 다양한 요소에 따라 달라지기 때문이다. 내 회사에 맞는 지원제도가 뭔지 검색하면 된다. 요즘은 각 기관이나 협회 홈페이지가 아주 잘돼 있다.

도움의 손길을 뻗는 분야는 자본금뿐 아니다. 사무실로 쓸 수 있는 공간도 싼 값에 제공한다. 한국여성경제인협회는 각 지회별로 여성창업보육센터를 운영하고 있다. 아이디어만 갖고 있는 극초기 창업단계일지라도 일단 따뜻하게 환영해 준다.

하지만 이마저도 비용이 부담된다면 더 저렴한 공동 사무실을 쓰면 된다. 사무실을 꾸려가는 데 필수적인 의자와 책상, 각종 OA기기 등을 같이 쓸 수 있으며 사업자등록에 필요한 주소도 빌려 준다. 창업하기에 참 좋은 세상이다.

●
○
●

정글 속으로 뛰어들 준비가 됐다면

"처음이 정말 어려워요. 엄청난 용기를 내야 하잖아요. 그동안의 안정된 일상을 버려야 하죠. 매일이 새로운 도전의 연속이에요. 사실 도전이란 표현이요 말이 멋있죠, 알고 보면 그냥 '전쟁'일 뿐이에요. 전혀 모르는 사람에게 친한 척 들이대면서 내 제품을 팔아야 하고, 수백 번까지 거절당합니다. 문전박대 당하는 것은 기본이죠. 듣기만 해도 스트레스 받죠? 이걸 매일 반복해야 하는 입장에선 더 힘들어요. 아쉬운 사람은 저니까요."

"'뉴페이스'를 반기는 곳이 많이 없어요. 솔직히 누가 좋아하겠어요. 안 그래요? 기존 업계나 시장이 무리 없이 잘 돌아가고 있거든요. 평온한 연못에 미꾸라지 한 마리가 뒤늦게 새로 들어왔다고 생각해 보세요. 원래 있던 물고기들이 얼마나 긴장하겠어요. 저 새 미꾸라지가 우리의 먹이를 뺏어가진 않을까, 덩치도 큰데 날 잡아먹지는 않을까 등. 다들 생각이 많아질 겁니다. 그래서 견제하고 경계하는 거예요. 배척하고 뒷말이 무성하게 오가죠."

"사업에 뛰어드는 우리는 '후발주자'인 셈입니다. 남들보다 늦게 출발했어요. 장거리 달리기 시합을 할 때 다 같이 '준비, 땅!' 하고 뛰어야 하는데, 저만 몇 초, 몇 분 늦게 뛰기 시작해요. 얼마나 불리하겠어요. 남들은 저만큼 앞서서 여유 있게 가고 있지만, 저는 헉헉 숨이 차면서 남들보다 더 빨리 뛰어야 해요. 남들이 한 걸음 내딛을 때 저는 두 세 걸음을 종종거려야 하고요, 남들은 중간에 물도 마시는 여유를 부리지만 저에겐 그런 게 사치죠. 다른 사람들보다 훨씬 안 좋은 조건이라는 걸 인정해야 해요."

"많이 힘들어요. 다른 사람들보다 몇 배로 더 노력해야 하거든요. 저는 처음에 99플라워를 창업했을 때 '잠을 포기하자'고 생각했어요. '나중에 죽게 되면 푹 잘 거잖아' 라고 스스로를 위안했죠. 웃기죠. 그 당시에 하루에 두 시간씩 잤던 것 같아요. 그때는 늘 만성피로에 젖어 있었어요."

"하지만 피곤해서 힘들다는 생각보다는 뭔가 막 들떠 있었어요. 엔돌핀이 마구 솟았거든요. 그동안 꽃집을 몇 년 동안 하긴 했지만 사실 그건 동네 장사 수준이었잖아요. 지역도 경기도 평택의 변두리였고요. 이제는 제가 정말 서울에 입성한 거예요. 게다가 '꽃의 메카'라고 하는 서울 양재동 꽃시장 앞이잖아요. 난다 긴다하는 업체들과 경쟁하고, 진검승부를 하게 됐다는 생각에 어찌나 흥분되던지요."

"2006년 99플라워를 처음 시작했을 때는 개인 사정으로 돈이 많이 부족했어요. 그래서 직원 5명으로 꾸렸어요. 프로그래머, 디자이너 등 최소한의 인원이었어요. 인력과 자금이 부족했기 때문에 저는 '온라인쇼핑몰'로 승부수를 던지기로 했죠. 일종의 '선택과 집중' 전략이었어요. 상황이 여의치 못해서 어쩔 수 없이 선택한 길이었는데, 지금 생각해보면 정말 '신의 한 수'였던 것 같아요."

"과거 평택에서 화원을 운영하면서 온라인쇼핑몰을 열었던 적이 있었어요. 당시에 온라인몰을 하겠다고 하자 주변에서 코웃음을 쳤어요. 다들 '뭐 하러 쓸데없는 일을 벌리냐'는 반응이었어요. 제가 그런 결심을 하게 된 건 당시 텔레비전에서 소아마비로 다리가 불편했던 한 아저씨가 인터넷으로 쌀을 파는 모습을 보게 된 것이 계기였어요. 저렇게 몸이 힘든 사람도 온라인상거래를 하는데, 사지 멀쩡한 나는 왜 안하고 있지. 그런 생각을 했거든요. 그 아저씨의 모습이 자극이 많이 됐죠. 뜬금

없이 TV프로그램에서 사업 영감을 얻게 될 줄은 정말 몰랐어요. 제가 평소에 이런저런 고민과 생각을 많이 하거든요."

"99플라워라는 회사 및 서비스 이름은 한 번 들으면 잘 잊혀지지가 않죠. 이름을 잘 짓는 게 그래서 중요해요. 단순하면서도 사람들의 뇌리에 각인될 수 있는 게 좋은 이름이라고 생각해요. 99플라워의 뜻이 궁금하시다고요? '좋은 품질과 서비스를 99% 추구한다'는 의미를 담고 있어요. 제가 지었죠."

"사업하는 사람이 가져야 할 덕목 중에 가장 중요한 게 '다름'이라고 봐요. 모방해서는 절대 성공할 수 없거든요. 단 하나라도 달라야 해요. 제품이 특별하지 못하면 가격이라도 저렴해야 하죠. 그래서 대표가 주관을 갖는 게 중요합니다. 사업을 하다 보면 주변에서 참견을 정말 많이 하거든요. 배 놔라, 감 놔라. 그런데 사람이 참 간사한 게요, 듣다보면 솔깃해져요. 그러다 보면 나도 모르게 흔들리게 되죠. 어어? 하다 보면 이미 너무 멀리까지 와 있고요. 정신 차려야 합니다."

"'오기'는 저를 이 자리까지 오게 만든 힘이자 원동력이에요. 요즘 같은 세상에 이런 얘기 하면 욕 먹으려나요. (뜸을 들인 후에) 저는 여름휴가도 안 갔어요. 남들이 놀러갈 때 나는 일하자. 남들이 놀 때 나는 일하자. 남들이 잘 때도 나는 일하자. 99플라워를 시작하면서 이런 마음을 먹었어요. 그 바람에 '독하다'는 소리도 숱하게 들었죠. 저희 물건을 주문한 회사 개업식에 가서 저는 슬그머니 우리 제품을 제일 앞으로 빼 놓아요. 가장 돋보이게끔요."

"99플라워는 전국에 620개 지점이 있어요. 엄청난 숫자죠. 하지만 '규모의 경제'가 하루아침에 이뤄졌겠어요. 거래하는 꽃집들로부터 '99플라워는 믿고 거래할 만하다'는 이야기를 듣기 위해 부단히 애썼습니다. 그렇게 거래처를 하나씩 차근차근 늘려가다 보니 이런 규모를 갖출 수 있게 됐어요. 이렇게 전국에 촘촘하게 지점들을 뒀기 때문에 전국 어디든 2시간 안에 배송을 할 수 있게 됐어요. 그렇게 저희는 국내 1위 꽃 배달 업체 자리를 굳히게 됐습니다."

"저희가 서서히 잘나가기 시작하니 주변에서 시기와 질투를 많이 하더라고요. 제가 준중형 국산차를 타고 다녔는데, 그걸 갖고도 이러쿵저러쿵 말이 많았어요. 제가 입고 다니는 옷이 촌스럽다고 수군거리기도 했고요. 제 신발이 싸구려 제품이라고 뒷담화를 하더군요. 제 반응요? 그러거나 말거나 했습니다. 신경도 안 썼어요. 대범해져야 해요."

"그렇게 뒤에서 수군거리던 사람들이 어느 순간부터 우리를 따라 하기 시작했어요. 99플라워에서 새로운 상품을 내놓으면 금세 다른 업체에서도 비슷한 걸 베껴서 버젓이 팔더라고요. 저는 수많은 고민과 시행착오를 거친 끝에 만들어낸 상품인데 말이죠. 자존심도 없나 봐요. 다들."

"주머니에 메모지와 볼펜을 꼭 넣어요. 핸드백에는 수첩과 필기구를 갖고 다니죠. 좋은 아이디어는 시간과 장소를 가리지 않거든요. 괜찮은 생각 하나가 퍼뜩 떠올랐는데, 적어둘 곳이 없어서 '다음에 다시 생각하지 뭐' 하고 넘어가잖아요? 그럼 나중에 절대로 생각이 안 납니다. 사람 심리라는 게 그래요. 하지만 초기 아이디어 단계라도 단어 몇 개를 적어놓으면 거기서 생각들이 가치를 치고 뻗어나갑니다. 그렇게 주렁주렁 아이디어 열매가 달린 나무가 되고요, 나무들이 모이면 숲이 되겠죠? 사업을 하다보면 이런 메모와 수첩이 나만의 재산이 돼요. 그 무엇과도 바꿀 수 없는."

"제가 선택한 업종은 꽃이에요. 꽃은 우리의 희노애락과 함께 하죠. 우리 인생에서 꽃이 없다면 얼마나 각박하고 삭막할까요. 꽃은 기쁨을 더해주고, 슬픔을 달래주고, 또 사랑을 키우기도 하죠. 꽃을 다루기 때문에 저와 저희 직원들은 늘 사람의 감정을 살피는 일을 우선시합니다.

저희의 이런 마음이 소비자들에게도 전해지나 봐요. 99플라워에서 꽃을 구입한 이들은 대부분 저희를 다시 찾습니다. 대기업 같은 큰 거래처보다 일반 회원이 훨씬 많아요. 저희가 '개미군단'이라고 부르는 일반 소비자들의 재구매율과 충성도가 높은 편이죠. 이분들이 저희에게 실망하지 않도록 각별하게 신경을 쓰고 있습니다."

"저는 제가 여자였기 때문에 사업을 더 잘 할 수 있었다고 생각해요. 내가 좀 자신 없는 분야는 솔직하게 인정했어요. 그리고 나선 과감하게 '다른 사람'을 빌렸어요. 쓸데없는 고집을 부리지 않고 인정할 건 인정하고 나니 뭔가 술술 풀리는 느낌이었어요. 사업 초기부터 각 분야 전문가를 수소문해서 모셔왔어요. 저는 그분들의 의견을 존중해 줬고요. 그러다 보니 사업에 가속도가 붙이 시작했습니다."

"저는 어려서부터 호기심이 많았어요. 궁금한 게 풀릴 때까지 몇 번이고 물어보고, 알아보고 그랬죠. 궁금한 걸 하나 해결하고 나면 또 궁금한 게 생기더라고요. 세상에는 참 알고 싶은 것들이 많아요. 전 사업에서 중요한 요소들 중 하나가 호기심이라고 생각합니다. 쉽게 '오케이' 하지 않는 근성으로 이어지거든요. 그리고 새로운 분야로 사업을 넓혀나갈 때도 호기심은 참 중요한 역할을 하더군요."

"지난해 10월에 저는 평생의 소원들 중 하나를 이뤘어요. 서울 서초구 양재동에 99플라워 사옥을 지었거든요. 빌딩 이름이 '윤공순 빌딩'이에요. 재미있죠? 집이 가난해서 겪었던 고생들, 많이 배우지 못해서 느껴야만 했던 자괴감 등 평생의 서러움을 다 씻어버릴 수 있었습니다. 사옥이 완공되던 날 눈이 퉁퉁 붓도록 울었어요. 기념식을 하고 사진을 찍어야 하는데 제가 하도 울어서 얼굴이 엉망일 정도였어요. 참, 저희 빌딩이 얼마 전 서초구로부터 잘 지은 사옥으로 선정돼 최우수상도 받았답니다."

　"맞아요. 정글이에요. 혼자서 살아남아야 하는 무서운 곳이죠. 약한 자는 도태되고, 강한 사람만이 남아요. 남는 사람이 강하기도 하지만요. 창업을 한 이후엔 정글 속을 혼자 헤쳐나가는 기분이었어요. 너무 겁을 줬나요? 그렇다고 두려워할 필요는 없어요. 저도 해냈는걸요. 이 책을 읽는 독자들 중에서 저보다 가난했던 분이 있을까요? 저보다 더 못 배운 사람이 있을까요? 아닐 거예요. 그런 저도 이렇게 멋지게 이 자리까지 왔는걸요."

두 번째 **H**

Habit

습관을 버리자

SEVEN CHANGES

임미숙

7

"내가 바로 대한민국 향기 선교사다."

임미숙 아로마무역 대표

●
○
●

임미숙 아로마무역 대표의 이야기

임 대표에게선 늘 좋은 향기가 난다. 하얀 피부와 큰 눈, 시원한 입매를 가졌다. 상대방의 이야기를 집중해서 들을 땐 그 큰 눈이 더 커진다. 웃기도 참 잘 웃는다. 하얀 치아를 드러내며 박장대소할 때면 상대방의 마음을 무장해제한다. 긍정적인 에너지와 좋은 기운을 내뿜는 사람이다.

그녀는 아직 미혼이다. 본인에 대해 말할 때 "사업하다 보니까 너무 바빠서… 일과 결혼한 셈이죠" 하면서 웃어넘긴다. 잘 웃고, 남의 이야기를 잘 들어주다 보니 불필요한 오해를 받기도 한다. 특히 비즈니스를 하면서 업무 때문에 만나게 되는 남성들은 임 대표의 이런 행동들 때문에 그녀가 자신을 좋아한다는 착각 아닌 착각을 많이 한다고 했다. 이런 곤란한 상황이 생기면 임 대표는 대수롭지 않게 "이혼하고 오세요"라고 일침을 놓는다. 하도 많이 당하는 일이라 이젠 눈 하나 깜짝하지 않는다. 외유내강이다.

임미숙 아로마무역 대표는 국내 프랜차이즈(가맹산업) 업계에서 유명한 인물이다. 사람들에게 잘 알려진 미국 1위 향초 브랜드 '양키캔들'을 한국에 들여와 성공시킨 장본인이다. 양키캔들을 수입해와 국내에서 선보였는데 예상을 뒤엎고 한 병에 6만 원 하는 고급 향초를 사 가는 사람이 많아졌다.

임 대표는 이 향초시장의 성장 가능성에 주목했다. 2012년 본격적으로 양키캔들의 프랜차이즈 사업을 시작했다. 임 대표가 이끄는 양키캔들은 이제 전국 매장 150개, 연간 87만 명이 방문하는 국내 1위 향초 프랜차이즈로 컸다.

그녀는 마산에서 고등학교를 졸업한 뒤 무작정 상경했다. '더 넓은 세상에서 살고 싶다'는 생각에서였다. 자동차부품을 수입하는 형부의 회사에서 경리로 일했다. 작은 무역회사였다. 그러다 보니 경리 업무뿐 아니라 회사 전체적인 것까지 신경을 써야 했다. 자연스럽게 무역업무의 전반에 대해 어깨 너머로 배우게 됐다. 사업의 밑거름이 될, 소중하고 꼭 필요했던 경험이었다.

2000년 독립해 회사를 세웠다. 첫 아이템은 천연화장품이었다. 원래부터 화장품과 향, 미용에 관심이 많았다. 후각이 발달해 좋은 냄새와 향기는 귀신처럼 알아맞혔다. 트렌드에도 민감했다. 내가 좋아하는 것을 사업아이템으로 잡은 이유도 자신이 있어서였다. 잘 알고 자신 있는 분야였기 때문이다.

초창기엔 유럽산 목욕용품을 수입해서 유통했다. 당시만 해도 대기업 규모의 화장품 회사들은 바디용품이나 목욕용품에 별다른 관심이 없었다. 얼굴용 화장품만 주로 다뤘다. 그러다 보니 수입산 목욕용품을 공략한 건 꽤 괜찮은 전략이었다. 적당한 가격에 괜찮은 품질과 좋은 향, 그리고 수입 브랜드라는 매력적인 조건들을 갖췄다.

이때 같이 들여왔던 게 유럽산 향초였다. 향초를 켜 놓고 거품목욕을 하는 콘셉트였다. '서양의 목욕문화'를 간접 체험할 수 있다는 점은 국내 여성들에게 매력 있게 다가갔다. 아로마테라피도 마케팅 포인트로 내세웠다. 소비자들의 반응은 꽤 괜찮았다. 틈새시장을 잘 파고든 셈이었다. 직영점을 30개 이상 냈고, 주요 대형 마트에도 입점했다.

대기업들이 돈 냄새를 맡은 것도 그 무렵이었다. '돈이 되겠다'고 판단해 목욕용품 시장에 슬며시 진입했다. 큰 회사의 물량공세가 시작되자 임 대표 같은 작은 중소기업은 당해낼 재간이 없었다. 속수무책이었다. 아로마 무역은 많이 흔들렸다.

임 대표는 이때 소중한 교훈을 얻었다고 했다. '앞으로는 대기업이 할 수 없는 분야를 해야겠다' 생각했다. 고민은 길지 않았고, 이내 과감한 결단을 내렸다. 화장품 사업을 접기로 했다. 물론 힘든 결정이었다.

한동안 방황했다. 바람이나 쐴 겸 나갔던 해외 전시회에서 미국시장 점유율 40% 이상을 자랑하는 1위 향초 브랜드 양키캔들을 접했다. 순간 '이거다!' 하는 생각이 스쳤다. 예전 유럽산 목욕용품과 향초 등을 들여와서 팔았던 '감'이 작동했다. 때마침 과거 거래처들 가운데 한 곳이 양키캔들의 이탈리아 총판이었다. 이탈리아 총판에 미국 본사 소개를 부탁했다.

하지만 쉽지 않았다. 미국 양키캔들 본사 입장에서 한국의 중소기업인 아로마무역은 '초면'에다가 소위 말하는 '듣보잡'. 임 대표는 끈질겼다. 본사를 여러 차례 찾아가서 설득하는 데만 2년이 걸렸다. "한국은 매력적인 소비시장입니다. 서양의 향기 문화가 한국에 전파되는 것은 시간 문제입니다. 한국은 향초 시장이 아직 없지만 제가 한 번 개척해 보겠습니다."

지성이면 감천이라고 했던가. 본사에서 국내 신용정보회사를 통해 신용정보를 조사하더니 5년 계약을 하자고 했다.

2007년 한국 독점 판권을 따낸 임 대표는 일단 '숍인숍' 형태로 전국 200여개 천연화장품 매장에 입점했다. 사람들의 반응을 보기 위해서였다. 과연 사람들이 한 병에 6만 원을 호가하는 비싼 향초를 사 갈까, 하는 의구심이 들던 차였다.

'반전'이 일어났다. 예상을 뒤엎고 판매가 급증했다. 일단 양키캔들에 대한 소비자들의 인지도가 생각보다 높았다. 유학, 출장, 여행 등 해외경험이 있는 사람들은 "아! 양키캔들!" 하면서 반가워했다. 게다가 선물용으로도 적격이었다. 제품의 고급스러운 분위기 덕택이었다. 화장품처럼 성분을 따지거나 유효기간을 묻지 않고 자신들이 좋아하는 향을 맡아 본 다음 알아서 사갔다.

향초 제품엔 라벨이 붙어 있는데 이 라벨은 지나치게 친절했다. 해당 향의 그림을 그려 넣어서 점원이 따로 설명하지 않아도 됐다. 간절히 원하는 일이 있으면 초를 켜 놓고 소원을 비는 우리의 오랜 문화도 양키캔들의 인기에 한몫했다.

시험 삼아 주변 가족에게 전문점 형태의 로드숍을 열

도록 했다. 서울 청담동이었다. 굳이 대로변의 메인상권일 필요도 없었고, 점포가 넓을 필요도 없었다. 가게에서 나는 향기는 지나가는 사람들을 자연스럽게 매장 안으로 들어오게 했다. 소비자들은 웃으면서 들어와 아기자기한 향초들을 구경한 뒤 제품을 사갔다. 이 과정에 걸리는 시간은 10분이 채 안 됐다.

입소문은 금세 났다. 여기저기서 점포를 내게 해달라고 아우성이었다. 그 뒤 1년간의 준비를 거쳐 2012년 프랜차이즈 사업에 뛰어들었다.

거창하게 창업설명회도 열지 않았다. 관심 있는 사람들이 알아서 먼저 찾아왔다. 주로 여성 창업자들, 즉 주부들이 많았다. 비교적 소자본(평균 창업비용 1억 원)이 드는 데다 향초는 여성들이 좋아하는 아이템이다. 전문적인 지식이 많이 필요치 않아 초보 창업자들에게도 적격이었다.

이제 양키캔들의 전국 매장은 150개로 늘었다. 연간 87만 명이 방문하는 국내 1위 향초 프랜차이즈로 컸다.

아로마무역은 외상 없이 입금된 만큼만 가맹점에 제

품을 공급하고, 주문 다음날 가맹점에 제품을 발송한다. 온라인 판매수익은 가맹점과 나눠가진다. 요즘 일부 프랜차이즈 본사의 '갑질'이 화제가 되고 사람들의 원성을 사는 가운데, 아로마무역은 '착한 프랜차이즈'로 자리매김했다. 연세대 미래대학원과 조향사과정 협약을 맺고 점주 교육도 시켜준다. 비용의 절반을 회사에서 대준다. 점주들이 향에 대해 보다 전문적으로 알았으면 하는 바람에서다.

한국의 작은 중소기업이 양키캔들을 수입해서 이렇게 키워놓은 것을 보고 미국의 양키캔들 본사는 많이 놀랐다. 호프 마가라 미국 양키캔들 최고경영자(CEO)는 "양키캔들이 진출한 87개국 중 가맹사업을 한 곳은 한국이 최초"라며 "아시아에서 붐을 일으킬 것이라곤 상상도 못했다"고 말했다. 마가라 CEO는 한국을 방문해 아로마무역의 프랜차이즈 시스템과 운영 노하우 등에 대해 배워가기도 했다.

한국 소비자들에게 인기 있는 향은 허브 계통이다. 꽃향도 스테디셀러. 반면 미국은 가정 내 음식냄새를 잡을 수 있는 식향들이 대세다.

양키캔들의 가맹사업이 성공하자 임 대표는 '내 제품'에 대한 욕심이 생겼다. 남의 걸 수입해 파는 일에서 한 단계 발전하고 싶어졌다. 또 수입업을 하다 보니 환차손에 대한 부담이 너무 컸다. 그래서 고민 끝에 제조업에 뛰어들었다. 충북 충주에 제조공장과 물류센터를 짓고 지난해 자체 브랜드 '라프라비'를 내놓았다. 다섯 가지 향을 갖춘 디퓨저 라프라비는 품질은 양키캔들에 못지않지만 가격은 저렴하다.

얼마 전에는 프랑스 브랜드 '랑프베르제'를 들여오기 시작했다. 세트 가격이 15~20만 원으로 꽤 고급 제품이다. 향뿐만 아니라 기능까지 갖췄다. 냄새의 분자를 파괴해 탈취까지 해준다. 라프라비와 랑프베르제 모두 양키캔들 매장에서 판매한다.

요즘 임 대표의 관심사는 해외시장 공략이다. 그래서 수출에 주력하고 있다. 호주와 중국 등에 제품을 수출할 계획이다.

"보세요. 대한민국 향기산업은 제가 키운 게 맞죠? 하얀 초가 전부인 줄 알던 우리나라에 향초를 들여와 대중화시켰어요. 그리고 향초가 '돈이 된다'는 걸 증명해 보였고요. 향기는 선진국형 산업이에요. 소득수준이 높아질수록 시장은 더 커질 거예요. 그만큼 성장 가능성이 있다는 얘기죠. 저는 그래서 자부심이 있어요. 앞으로 한국을 대표하는 향과 브랜드를 만들고 싶어요. 제 도전은 아직 끝나지 않았답니다."

070   두 번째 H. Habit

●
○
●

사소하게 성공하기

모든 사람은 적어도 한 가지 이상의 재주를 타고난다. 눈썰미가 좋은 사람이 있고, 현란한 말빨을 가진 이도 있다. 손재주가 좋아 뭐든 뚝딱 만드는 사람도 있는가 하면, 노래를 잘하거나 악기를 잘 다루는 등 음악적으로 뛰어난 사람도 많다. 타고난 재주가 공부인 사람도 있고, 체육 같은 스포츠에 능한 자도 있다. 빼어난 외모가 장점인 사람도 있다. 나를 치장하고 꾸미는 걸 잘하는 사람은 옷을 잘 입고 화장을 예쁘게 잘한다. 외국어를 잘하기도 하고, 글을 유려하게 잘 쓰는 사람도 부러움의 대상이다.

사업을 하다보면 나만의 이 재능과 재주가 그렇게 요긴할 수가 없다. 어떤 재능이든지 내 사업과 맞물리면 시너지 효과를 낼 수 있기 때문이다. 눈썰미가 좋은 사장님은 사회의 최신 트렌드를 금세 알아차리고, 거래처와 협상을 할 때도 센스 있게 대응할 수 있다. 현란한 말솜씨는 영업을 할 때 정말 도움이 된다. 손재주가 있는 사장님은 기왕이면 업종을 손재주 관련된 것으로 선택하면 좋을 것이다.

타고난 재능, 그러니까 선천적인 영역 말고 이제는 후천적인 부분에 대한 이야기를 할 차례다. 기왕 사업을 시작한 이상, 모든 에너지를 쏟아 부어야 한다. 최고경영자(CEO)는 나이기 때문이다. 결정도 내가 하고, 책임도 내가 진다. 예측도 내 몫이고, 후회도 모두 나에게 돌아온다.

그렇기 때문에 나 자신을 믿어야 한다. 사업은 '1인 종합예술'이다. 기획과 각본도 내가 쓰고, 주연 배우는 나, 총 연출도 내가 한다. 처음부터 끝까지 나 혼자다. 어차피 인생도 혼자 가는 길인데 뭐. 임미숙 아로마무역 대표는 이렇게 생각하면 마음이 편해진다고 했다.

우리는 살다보면 간혹 '촉'을 느끼는 일이 생긴다. 잘 될 것 같다는 느낌, '이거다!' 싶은 직감, 머릿속을 번뜩하고 지나가는 섬광이 드는 기분, 온 몸에 소름이 돋으면서 갑자기 아득해지는 느낌 등. 다양한 모습과 현상으로 우리에게 다가온다. 본능적 기제가 작동하는 것이다.

임 대표가 이런 촉을 느낀 건 해외 박람회에 트렌드 조사차 구경 갔을 때였다. 참가한 다양한 브랜드의 부스를 둘러보던 중 미국의 1위 향초 브랜드인 '양키캔들'을 보는 순간 아찔해졌다고 했다. 다채로운 향은 임 대표의 후각을 사로잡았고, 알록달록 형형색색의 향초는 임 대표의 시각을 붙들었다.

그래서 나도 모르게 양키캔들 부스로 갔다. 정신없이 제품들을 둘러보고 나니 확신은 더욱 굳어졌다. 양키캔들을 수입해 팔면 잘될 것이라는 엄청난 확신이 들었다.

마음이 바빠졌다.

　자, 한 번 가정해 보자. 당시 임 대표는 예비창업자가
아니었다. 창업해서 어느 정도 사업을 하고 있었다. 유
럽산 목욕용품 및 보디용품 수입은 초창기엔 잘 됐다.
주요 대형마트에 입점하면서 승승장구했다. 하지만 곧
'돈 냄새'를 맡은 대기업들이 움직이기 시작했다. 당시
화장품업계의 대기업들은 보디용품을 주력으로 취급하
지 않던 차였다.

　대기업의 물량공세를 과연 누가 당해낼 수 있을까.
작은 중소기업을 운영하던 임 대표에겐 너무 힘든 일이
었다. 그래서 깔끔하게 포기했다. 미련 없이 사업을 접
었다고 하면 거짓말일 게다. 그때 임 대표는 소중한 교
훈을 얻었다. '대기업이 할 수 없는 분야, 즉 틈새시장을
공략해야겠다.'

　재도전을 위해 고민의 밤을 보내던 차였다. 외국의
트렌드를 살펴보고, 새로운 아이템에 대한 아이디어도

얻을 겸, 또 겸사겸사 바람도 쐴 겸 해외 박람회장으로 향했다. 그때 운명처럼 만난 게 바로 박람회에 있던 양 키캔들이었다.

자, 여기서 여러 가지 가정을 해 보자. 만약 임 대표가 보디용품 사업이 잘 안된 뒤 낙담한 나머지 사업을 포기했더라면? 또 머리를 식힐 겸 찾은 곳이 박람회장이 아닌 다른 일반적인 휴양지였더라면? 평소에 임 대표가 화장과 향기에 관심이 많지 않았더라면? 그가 촉각을 곤두세우고 박람회장을 돌아다니지 않았더라면?

인생은 '만약'으로 이루어진 가제의 연속이다. 일견 우연처럼 보이지만 전혀 우연하게 벌어지는 일이 아니다. 평소에 나의 습관, 나의 생각, 나의 행동들이 모이고 쌓여 촘촘하게 이뤄지는, 어찌 보면 철저한 인과의 관계다. 그렇기 때문에 아무리 사소한 습관이나 행동이라도 무의미한 것이 아니다.

사업을 할 때는 더더욱 그렇다. 작은 행동과 결정이라고 함부로 해선 절대로 안 된다. 특히 사업 초기엔 더

더욱 그렇다. 나중엔 내 사업의 존망을 가를 수 있는 엄청난 '나비효과'가 돼서 돌아올 수 있기 때문이다. 사소한 습관과 행동일지라도 이를 꽤 큰 의미를 가진 것으로 업그레이드해야 하는 게 바로 CEO의 역할이다.

특히 여성들의 '촉'은 무시할 게 못 된다. 아무래도 여자들은 남성보다 감성적이고 감정적인 측면이 발달했다. 그러다 보니 본능 속 깊은 곳에서 꿈틀거리는 뭔가가 있다. 그게 촉이다. 머리가 아닌 마음이 지시하고 이끄는 길이다.

촉이 보내는 신호에도 주목해야 한다. 여성의 촉이 사업에 제대로, 긍정적으로 잘 발휘된다면 이보다 더 좋은 일은 없다. 임 대표도 당시 양키캔들을 선택하면서도 '무모한 결정은 아닐까' 하고 고민을 많이 했다. 임 대표가 이끄는 아로마무역은 한국의 작은 중소기업이었다. 미국 1위 향초회사인 양키캔들이 아로마무역을 거들떠볼 리는 만무했다. 그럼에도 불구하고 임 대표는 자신의 촉을 믿었다.

일단 믿었고, 믿은 만큼 과감하게 밀어붙였다. 밀어

붙이는 과정은 2년이나 걸렸다. 양키캔들 본사를 설득하고, 또 설득하고, 또 설득했다. 지쳐서 포기할 법도 했지만, 임 대표는 촉을 믿었다. 결과는 대성공이었다.

사소한 습관들이 쌓여 내 사업의 기반을 닦아준다. 그래서 CEO는 작은 것 하나에도 촉수를 곤두세워야 한다. 내가 지금 하는 말, 내가 오늘 내린 아주 작은 결정, 나의 오래된 습관, 그리고 내 마음 깊은 속에서 들려오는 촉. 모두 다 소중한 것들이다.

●
○
●

남자다울 필요는 없다

양키캔들은 프랜차이즈(가맹점) 사업을 기반으로 해서 급성장했다. 아이템의 특성상 프랜차이즈 매장이 적합했다. 물론 처음 시작은 가맹사업이 아니었다. 하지만 향초의 성장 가능성을 높게 본 임미숙 아로마무역 대표는 중간에 사업 형태를 프랜차이즈로 바꿨다.

국내 프랜차이즈는 외식업, 즉 음식 장사가 절대 다수를 차지한다. 또 프랜차이즈 본사의 대표는 거의 다수가 남성들이다. 가맹점 관리를 하고, 상권을 분석하고, 점주들을 상대하는 등 만만치 않은 업무를 소화하기 때문이다. 그래서 프랜차이즈 업계 대표들이 모임을 가지면 남성들만 바글바글하다. '남탕'이 따로 없다.

남탕에서도 임 대표는 독야청청 독자노선을 걷고 있다. 일단 외식업 위주의 프랜차이즈 업계에서 향초는 사업 아이템만으로도 독보적이다.

양키캔들로 프랜차이즈 사업을 하면서 이 업계에 발을 들여놨을 때 '아이템이 참 특이하다'는 말을 많이 들었다. 아이템이 기존의 가맹본사들과 전혀 다르기 때문에 점포를 신설하고, 재고 관리를 하고, 가맹점주들을 상대하는 것도 남들과는 다르다.

세상에 없던 아이템으로 가맹사업을 시작했기 때문에 임 대표는 상당히 조심스럽게 접근했다. 프랜차이즈 사업 초기 가족들을 대상으로 먼저 점포를 낼 것을 권했다. 그만큼 자신이 있었다. 가족들에게도 권하지 못할 아이템이라면 그 누구에게도 권해서는 안 된다는 소신도 있었다. 첫 포문을 연 것은 올케언니였다. 서울 강남구 청담동에 낸 양키캔들 매장은 대로변이 아닌 이면도로에 위치하고 있었고, 점포 크기도 그리 크지 않았다.

하지만 곧 성과를 내기 시작했다. 양키캔들 아이템의 특성상 매장이 그렇게 크지 않아도 됐다. 자본금도 많이 필요 없었다. 1억 5,000만 원이면 약 40㎡ 크기의 매장을 내고 운영할 수 있다. 요즘 창업 자본금과 비교할 때 부담 없는 금액이다.

좋은 점들은 또 있다. 음식장사나 옷가게와 달리 재고 리스크가 없다. 아로마무역 본사가 완제품을 수입해서 가맹점이 꼭 필요한 만큼만 공급하기 때문이다. 인건비 부담도 없다. 매장 인테리어도 최소화했다. 좋은 냄새를 풍기는 향초가 있는데 뭘 하러 인테리어에 공을 들이냐는 생각 때문이었다. 점주에게 주는 부담을 최소화했다.

이런 차별화 전략 덕분이었을까. 양키캔들은 가맹사업 시작 1년 6개월 만에 100호점을 돌파했다. 아로마무역 본사의 임직원들이 운영하고 있는 가맹점 숫자는 22개에 달한다. 임 대표는 이것보다 더 믿음을 주는 수치는 없을 것이라고 강조한다.

양키캔들의 가맹점 평균 연간 매출은 3억 원, 최고 연

매출은 9억 1,486만 원으로 동종업계 1위를 굳건히 지키고 있다.

임 대표만의 차별화 전략은 또 있었다. 보통 프랜차이즈 본사들은 퇴직한 남성들을 주 타깃으로 한다. 일단 퇴직금으로 받은 목돈이 있고, 직장생활을 오래 한 뒤 인생 이모작을 준비하는 시기다. 그래서 국내 프랜차이즈 업계는 남성 위주일 수밖에 없다.

하지만 임 대표는 특이하게도 전업주부들을 대상으로 삼았다. 아이들이 어느 정도 크고 난 주부들은 직장에 다시 복귀하기가 어렵다. 경력이 이미 단절돼서다. 반면 경제활동에 대한 욕구는 남아있다. 아이들 대학 등록금 하며, 결혼도 시켜야 하고, 노후준비도 해야 한다.

이런 에너지와 욕구를 쏟아낼 곳은 사실 잘 없다. 대부분의 중년 여성들은 운동을 하거나 종교 활동, 친목 모임을 통해서 시간을 보낸다. 어느 정도 학력이 있고, 경제력도 있으며, 사회의 일원으로서 뭔가를 하고 싶은 마음이 간절한 이들에게 양키캔들은 더할 나위 없는 사업 모델이었다. 임 대표는 틈새시장을 제대로 잘 공략했다.

양키캔들의 다점포 비율은 31%, 가맹점주의 지인을 통한 창업 비율도 37%에 달한다. 운영에 대한 부담이 적기 때문이다. 기존 매장을 운영하는 주인이 추가로 출점을 원하는 비율이 높다. 심지어 양키캔들 매장을 5개까지 하는 점주도 있다.

가게에 들어온 손님들이 알아서 향을 맡고 본인이 좋아하는 향을 골라서 사간다. 화장품 가게처럼 손님을 따라다니면서 일일이 설명할 필요도 없고, 전문지식을 따로 갖출 필요도 없다. 그렇기 때문에 점주의 피로도도 낮은 편이다.

유학파 출신이나 남편을 따라서 해외거주 경험이 있는 점주들도 많다. 미국과 유럽 등지에서 이미 향초문화를 접하고 온 유학파 출신들은 초창기 양키캔들의 프랜차이즈 매장을 빠르게 자리 잡도록 했다.

아로마무역이 국내 프랜차이즈 업계에서 주목받은 이유는 또 있다. 이 회사는 연세대학교 미래교육원과 향전문가(조향사) 과정 업무 협약식을 맺고 업계 최초로 조향사 과정을 신설했다. 향 전문 인력을 양성하기 위해서다. 가맹점 점주들이 대상이며 과정은 15주 걸린다. 향과 관련된 전문지식을 습득하는 것은 물론이고, 각종 향료의 시향, 1대 1 조향 실습 등을 한다. 수강비의 절반을 아로마무역에서 내준다.

이 같은 결정은 사실 쉽지 않은 일이었다. 임 대표가 장기적으로 내다보고 시작한 일이다. 국내 향 문화를 발전시켜야 아로마무역도 오래 갈 수 있다는 계산에서다. 미래에 대한 투자 개념이었다.

임 대표가 비교적 빠른 시간 동안 국내 프랜차이즈 업계에서 연착륙해 자리를 잡을 수 있었던 이유 중 하나는 '마이웨이'를 걸었기 때문이다. 사람들이 많이 하는 업종과는 반대를 택했고, '주부' 군단을 이끌며 이들 주부 점주들을 여성의 특성에 맞도록 잘 관리했다. 아이템의 장점과 잘 맞아떨어지도록 인테리어 등을 꾸몄고, 교육까지 시켜줬다. 창업을 한 초보 점주들이 가장 어려워하는 재고 관리 문제도 해결했으며, 본사 차원에서도 브랜드 가치가 떨어지지 않도록 신경을 썼다.

또 양키캔들 단일품목에만 만족하지 않고 한 단계 나

아가 아로마무역만의 제품을 개발해 내놓았다. 중고가인 양키캔들과는 달리 저렴하면서도 품질 좋은 라프라비는 소비자들로부터 좋은 반응을 얻고 있다. 또 프랑스의 최고급 브랜드 랑프베르제를 들여옴으로써 다양한 제품 라인업을 갖췄다. 구색 맞추기에도 성공한 것이다.

1장에서도 이야기했듯이 회사를 이끌어 가려면 무조건 남들과는 달라야 한다. 밑줄 쫙 쳐야 하는 사업 방정식이다. 임 대표는 이처럼 지극히 여성적인 방식으로 남성 위주의 국내 프랜차이즈 시장에서 누구도 따라올 수 없는 입지를 탄탄히 굳혔다.

오늘날도 수많은 여성CEO들이 남성CEO들과의 대결을 준비하고 있다. 싸움에 임하는 자세는 비장하다. 하지만 꼭 남자다울 필요는 없다. 올림픽에 출전하는 선수들의 경기 스타일은 백이면 백 다 다르다. 나만의 스킬이 있고, 내가 잘 하는 분야가 있다.

오히려 내가 여성이기 때문에 차별화할 수 있다. 내 존재만으로도, 내 사업만으로도 남들과 다르다. 뒤집어

보면 사실 외로울 수 있다. 비교를 할 만한 대상이나 비슷하게 참고할 만한 대상이 없다는 뜻이다. 하지만 그렇기 때문에 더 특별하다. 더 소중하고 돋보인다.

자신감을 갖자. 그리고 내 판단, 내 촉, 내 전략이 '맞다'는 확신을 갖자. 지금 내가 걷기 시작하는 이 길이 아직은 미약하지만 꾸준히 걸어간다면 곧 피니시 라인, 결승점에 도달할 수 있으리라.

●
○
●

체력도 자본이다

임미숙 아로마무역 대표의 집무실은 서울 삼성동에 있
다. 서울사무소는 9층에 위치해 있지만 임 대표는 엘리
베이터를 타지 않는다. 대신 계단으로 걸어 다닌다. 집
에 도착해서도 엘리베이터를 잘 안 탄다. 너무 늦은 밤
이 아니면 계단을 이용한다. 대충 계산해보니 하루에
400계단 이상 오르내린다.

취미로 등산과 골프를 한다. 골프장에 가서도 카트를
타지 않고 18홀 내내 걷는다. 그는 잠시도 몸을 가만히
두질 않는다. 끊임없이 움직이고, 또 움직인다. 의도적으

로 일을 만들어 무조건 움직인다. 부지런함이 몸에 뱄다.

임 대표가 이러는 것은 체력관리를 하기 위해서다. 그가 처음 회사를 설립한 건 2000년. 벌써 18년차를 맞는다. 강산이 두 번 변할 법한 세월이다. 오랜 기간 사업을 하다보니 '사장의 심신이 건강해야 사업도 잘 된다'는 생각이 들었다. 그래서 그는 최근 몇 년 전부터 건강에 유독 신경을 쓴다. 사업을 더 번창시키기 위해서다.

"사업은 결국 남자들과의 경쟁이예요. 여성은 선천적으로 남성에 비해 체력이 약하죠. 출발선부터 불리하잖아요. 그렇다고 너무 낙담 마세요. 대신 우리에겐 정신력과 지구력이 있습니다."

"주변에 친한 여성CEO들이 많습니다. 입버릇처럼 '시간 없어서 운동 못 해'라고들 해요. 근데 전 좀 안타까워요. 시간은 제가 요령껏 만들면 또 신기하게도 생기더라고요. 굳이 피트니스센터까지 찾아갈 필요 있나요. 사장인 저의 기초체력을 평소에 튼튼하게 다져놔야 사

업을 공격적으로 이끌어 갈 수 있는 에너지가 뿜어져 나
오더군요."

임미숙 대표가 체력 관리만큼 각별하게 신경을 쓰는
건 또 있다. '마음 관리'다. 대표의 몸과 마음이 모두 건
강해야만 회사의 생명력도 함께 길어진다고 했다. 심신
이 건강해야 어떤 시련이나 위기, 돌발 상황이 닥치더라
도 대수롭지 않게 대처할 수 있다. 이런 긍정적인 에너
지, 좋은 기운은 나 자신만이 만들어낼 수 있다는 게 그
의 설명이다.

"믿기진 않으시겠지만 전 원래 낯을 가리는 성격이에
요. 게다가 엄청 내성적이었어요. 많은 사람들 앞에 나
서는 것을 극도로 싫어하고 그런 상황에 놓이게 되면 미
리 스트레스를 받고 힘들어 했어요. 누군가와 친해지는
데도 시간이 걸렸고요. 저에겐 꽤나 콤플렉스였죠. 이런
점에 대해서 나름대로 고민을 많이 했어요. 그러다가
'내 단점을 강점으로 바꿔 보자'는 생각이 어느 날 문득

들었어요. 역발상이었죠."

내성적이지만 묵묵히 할일을 하는, 조금은 느린 성격을 장점으로 승화시키기 위한 노력을 시작했다. 솔직함을 무기로 사람들 앞에 조금씩 나섰다. 나의 모습을 있는 그대로 보여줬고, 자신이 없는 건 "못 하겠다"고 서슴없이 이야기했다.

한편으로는 상대방의 이야기를 성의 있게 들어줬다. 내 말을 많이 하기보다 남의 말 들어주기를 더 열심히 했다. 눈빛을 빛내고 고개를 끄덕이면서 경청하다 보니 이런 모습이 상대방에게는 진심 어리게 다가갈 수 있었다. 어느 순간부터 임 대표에게 고민 상담을 하는 주변 사람들이 늘기 시작했다. '임 대표라면 마음 놓고 내 속 얘기를 터놓고 해도 될 것 같아'라는 공감대가 형성된 것이다.

그러다보니 나도 모르게 긍정적인 에너지와 밝은 기운이 형성됐다. 내 자신에 대한 자존감이 단단해지고, 외부로부터 어떤 충격이나 공격이 들어오더라도 나를 지킬 수 있는 힘과 나만의 방법이 생겼다. 잘 웃게 됐고, 박장대소를 하다 보니 기분 좋은 일들도 많이 생겼다고 했다.

사업도 마찬가지였다. 임 대표는 어려서부터 화장, 미용, 향 등에 관심이 많았다. 좋은 냄새를 맡으면 마음이 차분해지면서 기분이 좋아졌다. 내가 좋아하고 즐길 수 있는 분야를 사업 아이템으로 삼아서 회사를 이끌어가다 보니 엔돌핀이 마구 솟아나왔다.

트렌드를 끊임없이 찾아보고, 메모하고, 분석하고, 생각하는 힘도 저절로 길러졌다. 책과 잡지, 인터넷을 통해서 얻는 지식도 중요하지만 그보다도 현장을 직접 가서 눈으로 봐야 한다는 게 임 대표의 생각이다. 양키캔들을 만난 것도 해외박람회장의 현장에서였다. 남들보다 먼저 트렌드를 읽는 능력도 그렇게 얻게 됐다.

몸과 마음이 건강하다면 장거리 경주를 위한 기초 체력을 제대로 닦아놓은 것이나 마찬가지다. 사업이야말로 장거리 마라톤이다. 이 마라톤에 참가하는 주자는 회사의 대표이사인 나다. 심신의 체력을 갖추면 없던 자신감도 생긴다.

건물을 지을 때를 한 번 생각해보자. 땅을 다지고, 기초공사를 오랫동안 한다. 이를 소홀히 하면 부실한 건물이 된다. 기초공사가 중요한 이유다. 기업도 마찬가지다. 기업을 이끌어가는 대표가 안팎으로 내실을 갖췄다면 그 회사에겐 '아우라'가 나온다. 좋은 기운이다.

직원들이 사실 더 잘 안다. 잘 되는 회사에겐 좋은 기준이 뿜어져 나온다. 그 아우라를 만드는 것은 대표인 내가 할 일이다.

또 사업을 한다는 것은 정글 속으로 뛰어드는 일이다. 이 정글 속에는 남자들뿐이다. 남성들 사이에서 씩씩하게 정글을 헤쳐나가야 한다. 그러려면 나에겐 남자들에게는 없는 무기가 있어야 한다. 그 무기는 바로 심신의 체력이다.

창의적인 아이템을 꿰뚫어 볼 수 있는 인사이트, 그 통찰력을 현실로 옮길 수 있는 과감한 실행력과 결단, 회사를 시작할 수 있도록 이끌어주는 자본금과 주변의 지원, 시장의 후발주자로서 혹은 블루오션을 개척자로서 주목받을 수 있는 존재감, 업계에 연착륙할 수 있도록 하는 소비자들의 반응, 그리고 '대박'까지.

앞으로 숨 가쁘게 달려갈 이 길로 이끄는 것은 다름 아닌 내 자신이다. 내가 안팎으로 얼마나 준비가 됐는지가 앞으로의 판세를 가름할 것이다.

세 번째 **A**

Ambitious

야망과 오기

SEVEN CHANGES

김순자

7

" '미친년' 이라는 소릴 듣는다면 잘하고 계신 거예요."

김순자 한성식품 대표

●
○
●

김순자 한성식품 대표의 이야기

찬바람이 불고 나뭇가지가 앙상해지면 어김없이 돌아오는 김장철이다. 김치를 담그는 날은 온 가족이 모여 배불리 먹는 날이었다. 수육을 삶아서 갓 버무린 김칫소과 함께 김치를 쭉쭉 찢어 맛있게 먹던 기억이 누구나 있을 것이다.

확실히 예전보다 김장을 하는 주부들이 줄었다. 시대도 변했다. 젊은 사람들은 김치를 담그지 않고 대부분 사 먹는다. 세대당 구성원의 숫자가 줄었고, 맞벌이는 점점 늘어가기 때문이다. 작은 규모의 주거형태가 증가

하면서 김치를 보관하기 위한 김치냉장고가 없는 집이 많다. 그러다 보니 포장된 시판 김치의 종류도 많아졌다. 배추김치부터 총각김치, 깍두기, 갓김치, 동치미, 고들빼기 등등. 입맛 따라, 용도에 따라, 식구 숫자에 따라 고르기만 하면 된다.

김치를 먹는 인구도 줄었다. 그럼에도 불구하고 한국인의 대표 음식이자 반찬은 여전히 김치다. 김치가 가진 효능을 칭찬하는 연구도 많다. 식이섬유가 많기 때문에 육식 위주인 현대인에게 영양의 균형을 선사한다. 뭐니 뭐니 해도 한국인은 김치만 맛있으면 밥 한 그릇 뚝딱이다.

국내 포장김치시장에서 1위를 지키고 있는 회사가 한성식품이다. 식품 대기업들도 김치사업에 뛰어들었으나, 이 중소기업의 저력은 대단하다. 30년이 넘는 오랜 업력과 노하우, 다양한 특허와 기술력 등은 덩치가 큰 대기업도 당해낼 재간이 없다면서 혀를 내두른다.

한성식품을 이끄는 사람이 김순자 대표다. 김 대표는 참 재미있는 사람이다. 그의 인생 이야기를 듣다보면

'김치는 이 사람의 운명이구나' 하는 생각이 절로 들게 된다. 김 대표는 국내 김치제조업계의 '대모'로 통한다.

김 대표는 어릴 때부터 어른들의 애를 태웠다. 그녀는 알레르기성 특이체질이다. 육류나 생선을 먹으면 온몸에 두드러기가 돋고 벅벅 긁게 된다. 요즘 같았으면 병원을 다녔을 텐데 그럴 엄두를 내지 못했다. 그래서 밥과 김치, 나물만 먹을 수밖에 없었다.

그러다 보니 이 어린 아이의 주식은 김치가 됐다. 김치가 맛이 없으면 김 대표는 밥을 안 먹고 버텼다. 엄마와 할머니의 속은 타들어갔다. '먹을 수 있는 거라곤 김치뿐인데, 저러다 딸이 굶어 죽진 않을까.'

다행히도 할머니와 엄마는 손맛이 좋았다. 그래서 두 여인은 김 대표를 위해 최선을 다해 김치를 담갔다. 창의력을 발휘해서 응용도 했다. 요즘 말로 '퓨전 김치'의 원조다. 봄에는 봄동과 원추리, 씀바귀, 쑥 같은 봄나물로 김치를 만들었다. 여름이면 오이소박이와 열무김치, 양배추 김치로 아삭아삭한 식감을 돋웠다. 가을엔 시원하고 아삭한 맛이 일품인 섞박지를 담가 딸에게 먹였다.

겨울 김장철이 되면 김 대표의 집은 축제였다. 일주일이 넘게 김장을 했다. 배추를 절이는 데만 이틀이 걸렸다. 그는 종가집 딸이었다.

김 대표는 그렇게 보고 배운 게 김치였던 지라 김치에는 그 누구보다 자신 있었다. 어느 날 서울의 한 호텔 레스토랑에 식사를 하러 갔다가 손님과 종업원들이 언성을 높이는 모습을 봤다. 말다툼의 발단은 놀랍게도 김치 때문이었다.

"무슨 호텔 식당 김치가 이렇게 맛이 없어요?" 손님은 핏대를 올리며 따졌다. 김 대표가 '정말 맛이 없나?' 싶어 먹어보니 진짜 형편없었다. 대충 만들어도 이것보다는 맛있게 할 것 같았다. 가만 보자, 호텔의 고급 식당의 밑반찬으로 나오는 김치도 이 정도 수준인데, 다른 식당들은 더 형편없을 것 같았다. '김치를 만들어서 식당에 팔면 돈이 되겠구나!' 인생이 바뀐 순간이었다.

워낙 열정 넘치는 성격이었다. 바로 실천에 옮겼다. 서울 구로구 대림동에 작은 식품공장 부지를 구해서 한성식품 이라는 이름의 회사를 설립했다. 그때가 1986년

6월이었다. 주변에선 모두 말렸다. 당시만 해도 매년 김장철엔 주부가 대량의 김치를 담그던 시절이었다. "미쳤다고 누가 김치를 돈 주고 사 먹수? 쓸데없는 짓 마쇼."

우여곡절 끝에 첫 주문이 들어왔다. 배추김치 15kg였다. 사업 초기라 가내 수공업 수준이었다. 고무장갑을 낀 김 대표는 열심히 김치를 만들었다. '맛있네요'라는 평가가 들려왔다. 회사를 시작한 것도 호텔 같은 사업장에 납품하기 위해서였다. 업주들 사이에서 '김치를 맛있게 담그는 작은 회사가 생겼다'는 소문이 돌기 시작했다.

운이 좋았다. 그해 10월 서울에서 아시안게임이 열렸다. 외국에서 선수들과 관계자들이 밀려들어와 호텔과 숙소를 가득 채웠다. 대규모 인원에게 공급할 한국의 전통 음식, 김치가 많이 필요했다. 정부는 입찰 자격을 갖춘 업체를 수소문했다. 꾸준히 거래처를 늘려가던 한성식품은 기회를 냉큼 잡았다.

눈코 뜰 새 없이 바쁜 나날이었다. 공장에서 일할 직원이 모자라서 동네 아주머니들을 몽땅 데려와서 일을 시켰다. 사업 초기 15kg 수준이었던 주문 물량은 어느새 1t으로 늘었다.

기회는 또 찾아왔다. 2년 뒤엔 88서울올림픽이 열렸다. 정부는 올림픽을 대비해 강남 등 서울 주요 지역에 특급호텔을 많이 지었다. 김 대표는 김치를 만드느라 바빠서 따로 영업을 하지 못했다. 그래도 호텔 레스토랑 담당자들이 소문을 듣고 알아서 찾아왔다.

일거리가 몰려들자 너무 기쁘고 신난 나머지 밤에 잠을 자는 것조차 아깝다는 생각이 들던 시절이었다. 그렇게 하루하루 최선을 다하니 한성식품은 어느새 '맛있는 김치를 합리적인 가격에 파는 회사'가 됐다. 거래처는 점점 늘고 다양해졌다.

증가하는 물량에 대비하기 위해 자동화 시설을 갖췄다. 공장 규모를 키웠고, 배추 등 원재료를 안정적으로 공급받기 위한 산지도 확보했다. 사내 연구소를 만들어 우리만이 할 수 있는 특허김치를 개발했다.

점점 욕심이 생겼다. 이 맛있는 김치를 우리나라 국민들에게만 맛보게 할 것이 아니라 전 세계에 팔고 싶어졌다. 그래서 경기도 부천에 '김순자 명인 김치테마파크'를 지었다. 외국인 등을 대상으로 김치를 체험할 수 있게 하고 교육도 시켜준다. '민간 외교관'이 따로 없다.

그동안 김 대표가 개발한 김치 종류만 1,000여 종이 넘는다. 한성식품의 김치는 '참 맛있다'는 평가를 받는다. 일반 김치보다 염도가 30% 낮다. 시간이 지나도 군내가 나지 않고 물러지지도 않는다. 식감은 여전히 아삭하다. 익으면 익을수록 맛이 깊어진다. 특허도 많이 획득했다.

현재 한성식품의 직원 수는 330명, 연매출 550억 원을 낸다. 매일 만드는 김치가 70t에 이른다. 김 대표는 대한민국 식품명장 1호, 김치명인 1호, 김치 신지식인 등 정부로부터도 인정받았다.

김치에 미친 이 여성의 인생은 여전히 현재진행형이다. 개척해야 할 해외 시장이 무궁무진하다. 손주를 돌볼 나이에 여전히 현장을 뛴다. 뭔가에 미쳐서 열정을 쏟아 붓고 이 분야 최고가 된 사람의 모습은 아름답고 향기가 난다.

●
○
●

일하는 사장

"저 여자야, 김치에 미친 년."

"쌍년아, 왜 그 가격에 팔아? 다른 회사들 다 말려 죽이
려고 작정했어?"

"어디서 여자가 기어 나와서 사업을 해? 남편이 돈을 못
벌어? 집에서 애나 키울 것이지 말이야."

"어우, 김치 냄새. 여기가 어디라고 냄새나는 김치를 갖
고 다녀요? 저기요, 이 여자 좀 나가라고 하세요."

"이런 얘기 들으면 너무 속상하지 않았어요?"라고 묻자

김순자 한성식품 대표는 "왜 속상해요?"라고 눈을 동그랗게 뜨고 오히려 되묻는다. 저는 사람들이 이렇게 말하는 소리가 들리지도 않던 걸요. 속으로 '뉘집 개가 짖나' 하고 대수롭지 않게 넘겼다는 게 김 대표의 얘기다.

아니, 앞으로 갈 길이 얼마나 먼데요. 저에게 시비 거는 사람들 하나하나 상대하다 보면 저의 여정이 점점 늦어지잖아요. 앞만 보고 달려가도 모자랄 판에, 이런 사람들하고 입씨름, 신경전 할 시간이 어딨어요. 아우, 시간 아까워.

사업이 일명 '빨', 그러니까 운빨, 타이밍빨, 아이템빨, 거래처빨 등 뭔가에 탄력을 받아서 통 하면서 튀어오르는 시기가 누구에게나 분명이 찾아온다. 도약을 할 수 있는 일종의 계기다. 빨리 찾아오고, 늦게 찾아오고 정도의 차이만 있을 뿐 기회는 언젠가 주어진다. 이 기회를 제대로 잡고 사업에 활용하는 것의 대표의 능력이다.

한성식품은 이 기회를 비교적 일찍, 사업 첫 해에 잡

있다. 국제적인 행사인 아시안게임이었다. 사실 김 대표 조차도 사업을 시작할 때 아시안게임이 회사에 '구세주'가 될 줄은 꿈에도 생각하지 못했다. 스포츠 행사가 열리는구나, 정도로만 치부했다고 한다.

김 대표가 첫 번째 기회를 꽉 움켜잡을 수 있었던 것은 그가 사업 분야에 대한 전문 지식과 자신감이 있었기 때문에 가능했다. 눈 감고도 김장을 담글 수 있을 만큼 김치에 몰두해 살아왔던 그였다.

한성식품 설립 초창기에 김 대표는 뭐든지 자신의 손을 거치도록 했다. 뭐든지 김 대표가 다 했다. 단순 업무를 도와줄 고졸 여사원과 파트타임 아주머니 정도만 뒀다. 사실 그때는 남을 믿지 못했다. 나만큼 잘 알고, 나만큼 똑똑하고, 나만큼 열정이 넘치고, 나만큼 절박하고, 나만큼 적극적이고, 나만큼 강단 있는 사람이 없다고 생각했다.

"제가 사장이잖아요. 그럼 제가 가장 똑똑해야 하지 않을까요. 여기서 '똑똑하다'는 뜻은 머리가 좋거나,

IQ가 높거나, 공부를 잘해야 한다는 의미는 아니에요. 우리 회사의 사업에 대한 얘기에요. 사업을 가장 잘 알고 스마트하게 대처해야 합니다. 사장은 즉 '대장'이거든요."

김 대표는 회사 설립 초창기엔 집과 회사를 오가는 시간마저 아깝다고 생각했다. 길에서 버려지는 시간 같았다. 그래서 당시 다섯 살짜리 아들을 공장에 달린 작은 방으로 데리고 와서 그곳에서 키웠다. 엄마가 일하는 모습을 보여주는 것이야말로 아이에겐 가장 큰 공부가 되지 않을까 하는 생각도 들었다.

그렇기 때문에 선봉에 서서 진두지휘하는 게 가능했다. 일단 우리 회사의 김치를 한 번이라도 맛보게 한다면 그 이후에는 자신 있었다. 경쟁력은 맛과 가격이었다. 당시만 해도 사업장에 김치를 조직적으로 납품하는 회사가 거의 드물었다. 알음알음 가내수공업으로 만들거나 자체 해결하던 때였다. 그런 상황에서 품질이 뛰어난 대량의 김치를 공급할 수 있는 한성식품이 돋보였던 것은 당연지사.

사업을 시작하게 된 계기가 한 호텔의 김치 다툼이었던 만큼, 김 대표는 처음부터 호텔 같은 고급 사업장을 공략했다. 비즈니스 거래라는 게 그렇다. 초기에 다수의 대중들을 타깃으로 잡고 장사를 하다가 갑자기 고급 전략을 펴는 건 쉽지 않다. 이미 사람들의 뇌리 속엔 이미지가 그렇게 박혔기 때문이다. 하지만 반대의 경우는 전혀 다르다. "호텔에 납품하던 김치래" 하는 구전이 퍼지는 순간 사람들은 호감을 갖는다. 김 대표는 마케팅에도 신경을 썼다.

자신감의 근원은 또 있었다. 바로 해박한 지식이었다. 한국의 김치 역사는 1,300여 년. 오래된 관련 문헌도 많다. 김 대표는 남들이 다 하는 일반적인 김치가 아닌, 특화되고 다른 김치를 만들기 위해 갖은 애를 다 썼다.

1800년대 말 나온 음식고서인 《시의전서(是宜全書)》까지 파고들었다. 옛날 선조들의 김장법을 재현해서 현대화시킨 김치를 개발하기도 했다. 서양인 등 외국사람들의 입맛에도 맞는 김치에 대해서도 고민했다.

깻잎양배추김치, 미역김치, 미니롤보쌈김치, 치자미역말이김치, 브로콜리김치, 동충하초포기김치, 망고스틴포기김치, 김치탕수육, 롤샌드위치김치, 미니김치햄버그, 무샌드위치김치, 미니김치돈가스, 건강풋마늘김치, 분말건조김치, 초코릿김치, 백년초백김치, 무지개김치 등.

이름만 들어도 입안에 침이 고인다. 이 김치들은 모두 김 대표의 머릿속에서 나왔다. 아이디어가 떠오르면 적고 또 적는다. 그래서 고민하고 생각하고 연구한다.

요즘은 음식 및 외식업 분야에도 해외에서 유학하거나 공부를 많이 한 고급 인재들이 많아졌다. 물론 학문적인 뒷받침도 중요하다. 하지만 강단에 서거나 연구를 할 것이 아닌 이상, 이론적 지식만큼이나 중요한 게 '실전에 써 먹을 수 있는 나만의 노하우'다. 책상물림이 아닌, 현장 냄새 풀풀 나는 진짜 지식이다. 이게 바로 차별화 전략이다.

이렇게 온 몸과 마음으로 준비된 사람은 대부분 사업

도 잘 풀린다. 온 우주가 나서서 도와주는 셈이다. 그렇게 한 단계씩 밟아가다 보면 어느 새 최고가 돼 있는 것이다. 멋지다, 정말.

●
○
●

독에 담긴 독(毒)

'여자가 한을 품으면 오뉴월에 서리가 내린다.' 주변 남자들이 호들갑을 떨면서 하는 얘기다. 그들이 이런 얘기를 하면서 목에 핏대를 세울 때는 공통적인 상황이 있는 것 같다. 어떤 여성이 놀랍도록 무서운 속도로 남성들을 추격하며 실력을 보일 때, 혹은 예상치 못했던 한 여성이 남자들의 세계에서 위협이 될 때. 그러니까 한마디로 '무서운 여자'가 혜성처럼 등장했을 때다. 기세에 쫀 남자들의 본능적인 방어기제랄까.

독기(毒氣). 국어사전은 이렇게 정의한다. '독의 기운,

혹은 사납고 모진 기운.' 지극히 부정적인 시각이 들어간 해석이다. 예문 등을 보면 독기는 여성과 대부분 연결돼 있다. 무서운 언니들의 무서운 기운이랄까.

여성이 독기를 품을 땐 언제일까. 남자친구에게 차였을 때? 여성에 대한 우리의 전통적인 사고는 이런 감정적인 해석이 먼저다. 하지만 많은 여성들이 독한 마음을 가질 때는 다만 연애에 실패했을 때만이 아니다.

사실 여성도 생각보다 사회적 성공에 대한 욕심이 많다. 고위직이나 높은 자리, 혹은 성공한 사람들 중 남자가 많기 때문에 권력욕은 남성들의 영역이나 전유물로만 여겨져 왔다.

사회적인 시선이 그랬기 때문에 야망 있는 여성들조차 야망을 대놓고 드러낼 수가 없었다. 남자가 야망을 나타내면 '근성 있다'고 칭찬받지만 여성이 그럴 경우엔 '독한 년' 소리를 듣는 게 현실이었다.

하지만 이젠 세상이 변했다. 어떤 분야든지 여성들이 두각을 나타내기 시작했다. 이젠 남녀 관계없이 똑같이 교육을 받고, 동등하게 경쟁을 한다. 심지어 여성들이 더 우월한 분야가 하나둘씩 등장한다.

사법고시 합격자의 절반 이상이 여성으로 채워지고, 각종 고시나 시험의 수석 합격자는 여성이다. 남녀공학에서는 '합반을 피해달라'는 학부모들의 요청이 줄을 잇는다. 성적순으로 줄 세우면 상위권엔 여성들이 가득하다. 금녀(禁女)의 벽이 허물어졌다.

부모들은 내 딸은 보란 듯이 성공하고 주목받길 원한다. '하얀 머리가 멋있다'는 이야기로 한때 이슈가 됐던 강경화 외교부 장관은 여성들의 롤모델로 떠올랐다. 외교 순방 자리에서 유창한 영어와 당당한 애티튜드로 상대 남성을 압도하는 모습은 누가 봐도 멋지다. 강 장관뿐만이 아니다. 주요 고위공직도 여성들로 채워진다.

여성의 끈기와 특유의 정신력, 그리고 명민함이 합쳐진다면 시너지 효과는 엄청나다. 오뉴월의 서리 정도가 아니라 한반도의 기후까지 바꿔놓을 만한 메가톤급 폭풍이 몰아칠 것이라 장담한다.

잠시 우리 학창시절을 회상해보자. 체력장이 돌아왔

다. 남녀 모두 공감할 것이다. 여성들이 잘 하는 체력장 영역은 일단 오래달리기. 지구력과 독기가 필요한 종목이다. 이를 악물고 일단 끝까지 뛴다. 죽이 되든, 밥이 되든.

윗몸일으키기도 대표적으로 독한 언니들의 영역이다. 어금니 꽉 깨물고 미친 듯이 상체를 일으킨다. 물론 그날 밤부터 배가 당겨서 제대로 앉지 못하는 후유증을 앓지만.

체육선생님들의 공통적인 얘기다. 여학생들은 100m 달리기 같은 단기적인 운동종목이나 공 던지기 같은 기술, 타고난 운동신경이 필요한 영역보다는 지구력을 요하는 종목에서 평균 이상의 성적을 보인다고 한다. 정말 과학적인 근거도 있는 모양이다.

반대로 생각해 보면 지구력은 책임감의 다른 말이다. '내 일이다, 그러니까 끝까지 내가 책임진다.' 이런 마음가짐으로 오래달리기를 하니 성적이 좋을 수밖에. 오래달리기에 비유할 수 있는 것이 또 사업이다. 책임감 있게, 끈기 있게, 독한 마음으로, 오랫동안. 사업의 주요 키워드다.

또 하나 자존심. 중간에 주저앉을 수 없다. 포기가 떠오를 때마다 '가오 떨어지게', '쪽 팔리게', '내가 누군데', '이러려고 여기까지 온 건 아니지 않나' 하는 생각들. 성공하는 언니들이 갖고 있는 공통적인 생각이다. 남들보다 잘 해야지, 남들과 조금이라도 달라야지. 본때를 보여줘야 하지 않겠어.

김순자 한성식품 대표는 사업을 하면서 세 가지 전략을 내세웠다. 첫 번째 키워드는 '고급', 두 번째는 '다름', 셋째는 '강단'이었다. 한성식품은 김치를 만들 때 배추, 고춧가루, 소금 등 식재료를 고급으로 선택했다. 다른 이들이 원가를 따질 때 김 대표는 과감하게 좋은 재료에 중점을 뒀다.

괜찮은 식재료로 만든 김치의 힘은 놀라웠다. 맛이 정직하게 증명해냈다. 주변에서는 수군거렸다. "저 회사는 석 달 안에 망할 거야." 악담이 들려왔지만 김 대표는 '흥!' 하고 콧방귀를 뀌었다. 석달이 아니라 30년이 넘도록 한성식품은 건재하다. 뒤에서 흉을 보던 회사들은 모두 망했다.

김치도 고급스러울 수 있다는 것을 김 대표가 처음으로 증명해 보였다. 김치에 대한 우리의 평가는 사실 절하 돼 있었다. 매년 집에서 엄마가 만드는 것, 냉장고에 늘 있는 것, 대표적인 반찬. 김치를 종류별로 사 먹는 시대가 올 것이라고 일찌감치 예측한 김 대표는 고급화 전략에 유독 신경을 썼다.

패키지도 고급스럽게 꾸몄고, 맛에도 공을 들였다. 젓가락으로 한 번에 들어 올릴 수 있도록 미니 사이즈도 기획했다. 이 모든 과정을 위해서 회사에 투자를 많이 했다. 연구소에서는 끊임없이 고민을 했고, 생산시설을 깨끗하게 갖춰 정부 인증을 받았다. 그렇게 기초를 탄탄하게 닦아놓자 보상이 뒤따랐다. 수출의 길이 열렸고, 호텔, 백화점 등 고급 사업장에서 환영받았다. 사람들의 인식도 그렇게 자리 잡혔다.

김 대표의 강단은 주변 사람들에게도 유명하다. 남들이 뭐라 하건 들은 체도 하지 않는다. 사업을 밀어붙이고 확장시켜 나갈 때는 정말 불도저 같다. 열정으로 뜨겁다. 최고가 되겠다는 일념이 있었기 때문이다.

독하게 마음먹었더니 오히려 그 뒤로는 일이 술술 풀리는 것 같았다. 독한 마음을 먹는 게 가장 어려웠다. 마음이 단단해지니 정신력은 덤으로 따라왔고, 자존심도 같이 세워졌다. 자존심과 독기, 정신력이 만난 결과는? '우리나라 김치회사 1위'라는 타이틀.

●
○
●

위기는 '위험한 기회' 다

독기 품은 여성은 위기가 알아서 피해간다. 음? 이게 무슨 뚱딴지 같은 말이냐고? 아니, 그보다는 위기가 닥친다 해도 적어도 막 호들갑을 떨면서 "어머 어떡하지, 큰일 났네" 하지는 않는다는 얘기다. 리스크 앞에서 이성을 잃고 나약한 모습을 보이진 않는다. 여태까지 쌓아 올린 공든 탑이 무너질까봐서다. 그동안 그만큼 단단해졌다.

사업은 온갖 위기와 리스크의 연속이다. 기회만큼 위기도 많이 찾아온다. 사소한 태클부터 회사의 존폐를 뒤 흔들 법한 대형 악재까지. 허리케인 같이 집과 건물을 날려버릴 법한 큰 태풍과 거뜬히 뛰어넘을 수 있는 작은 물결, 중간 크기의 파도 등이 나를 기다리고 있다. 정신 없이 대처해야 한다.

여성은 남자보다 위기에 강할까, 약할까. 이를 결정 짓는 것은 대표에게 달렸다. 1장의 '도전', 2장의 '습관 타파', 이번 장의 '독기'까지. 이런 것들을 어느 정도 갖춘 여성CEO라면 여느 남성들보다 훨씬 강하고 굳세다.

단단한 마음을 가졌다면 위기에 대처하는 자세도 자연스럽게 달라진다. 태풍이나 지진에 대비해 가옥을 튼튼하게 지어놨다면 훨씬 걱정이 덜할 것이다. 위기를 바라보는 시선에도 변화가 생긴다. 나를 흔들고, 회사를 힘들게 하는 시간이라는 부정적인 생각에서 벗어날 수 있다. 회사를 단련시키고, 내 업무능력을 시험할 수 있다.

우리 회사에만 위기가 아니다. 다른 업체들도 다 힘들 수 있다. 다른 회사는 어떻게 이를 극복할까. 내가 남들보다 더 잘해야겠다. 그러려면 냉정하고 이성적으로 대처해야 할 것이다. 절대로, 울면 안 된다. 남들 앞에선.

울음은 말을 못하는 어린 아이들이 자신의 의사나 감정을 표현하는 대표적인 방법이다. 즉, 유아스러운 커뮤니케이션 방식이다. 공식적인 석상이나 다른 사람들, 직원들 앞에서 눈물을 보이는 것은 무조건 지는 거다. 나약한 모습의 방증이다. 엉엉 우는 사장님이 믿음직스럽다고 생각하는 직원들이 과연 있을까. 내가 우는 순간, 나는 약자가 된다.

감정을 컨트롤하는 훈련이 그래서 중요하다. 많은 여성CEO들은 위기상황이 닥치면 오히려 머릿속이 차분해지고 마음도 가라앉는다고 했다. 의도적으로 노력한 결과다. 현실적으로 대처해서 이 상황을 최대한 빨리 벗어나야 한다는 절박함 때문이다.

절박함은 힘을 갖는다. 내가 간절하면 남들 눈에도 그 간절함이 읽힌다. 간절한 마음으로 현재의 안 좋은 상황을 풀어나가자. 내가 주저앉으면 끝이다.

유들유들해지는 것도 좋다. 나를 힘들게 하는 상황에 대해 한 발짝 뒤로 물러서 보자. 최대한 객관적으로 현재 상황을 바라보도록 노력하는 것이다. 우리도 그렇잖은가. 내 일에는 감정적이고 주관적이 되는데, 남들의 얘기를 듣다보면 솔로몬을 능가하는 지혜를 발휘하게 된다. 판단도 정확하게 잘 내려주고 말이다.

위기에 말을 건네 보는 것은 어떨까. '어이, 자네 왔는가. 내가 좀 힘든데, 어서 벗어나고 싶어. 어떻게 해야 이 상황을 타개할 수 있을까? 우리 함께 가다가 적당한 시점에 당신은 그만 사라져 주게나.'

김순자 대표도 많이 힘들었다. 30년이 넘게 회사를 이끄는 동안 산전수전, 아니 공중전은 안 겪었을까. 이제는 웬만한 위기에는 눈도 깜빡하지 않을 정도로 수많은 위기를 넘어 이 자리까지 왔다.

처음엔 돈이 없어서 힘들었다. 자금 문제는 사업이 속도를 내기 시작하면서 자연스럽게 해결됐다. 사람을 구하는 일도 스트레스였다. 식품 제조업엔 인력이 많이 투입된다.

김치를 만드는 과정은 꽤나 길고 복잡하며 손이 많이

간다. 배추나 무를 입고시켜 벌레나 낙엽 등 이물질을 제거한다. 절단한 배추를 천일염으로 6~24시간 절인다. 절인 배추를 자동세척과 수동세척 과정에 통과시킨다. 그래도 혹시 모르니 이물질 검사를 다시한다.

이제 김칫소로 사용될 양념을 만들어야 한다. 무채, 파, 미나리, 갓 등을 씻은 다음 고춧가루와 마늘, 생강, 양파, 새우젓, 멸치젓 등을 넣고 섞는다. 손으로 일일이 배추 사이에 양념을 집어넣는다. 김치가 어느 정도 완성되면 금속탐지기로 또 이물질 검사를 한다. 이후 최적의 온도와 시간을 유지해 저온숙성하고 발효시킨다. 그런 다음 포장해서 냉동탑차로 배송한다.

이제는 업계 1위 회사지만 예전엔 인력난을 많이 겪었다. 인건비는 왜 이리도 비싼지. 김 대표는 사람 문제로 마음고생을 하면서 결심한 게 하나 있다. '사람들이 오고 싶어 하는 일터로 만들어야지. 그러려면 내가 잘 되고, 우리 회사가 잘나가야겠다.' 다시 독기를 품은 셈이다.

이중에서 가장 힘들었던 건 뭐니 뭐니 해도 원재료의 수급이다. 대량생산을 하기 때문에 배추 등 식재료를 미리 확보해 놔야 한다. 다른 업종의 재고관리와 다른 점이다. 기후가 그렇게 중요한 영향을 끼치는지 미처 몰랐다. 비가 많이 와도 발을 동동 굴렀다. 날씨에 일희일비하게 될 줄이야.

안정적인 수급처를 확보하는 게 가장 큰 과제였다. 김 대표는 배추를 구하기 위해 제주도까지 비행기를 타고 내려간 적도 있었다. 시행착오를 겪으며 그는 독자적인 산지관리 시스템을 구축했다.

배추, 무 등을 수급 받는 농가를 지정해 관리하고 있다. 데이터베이스화하고, 토양분석도 한다. 이력 추적관리도 물론이다. 고춧가루 등 부재료를 공급받는 협력사도 철저하게 관리한다. 이를 위해 큰 창고도 지었다.

다양한 위기 상황은 김 대표를 강하게 만들었고, 한성식품의 맷집을 키웠다. 어려운 일이 닥치면 김 대표는 이를 슬기롭게 해결한 뒤 같은 일이 반복되는 것을 막기 위해 투자를 했다. 비온 뒤엔 땅이 더 단단해진다. 위기에 겁먹을 것 없다. 위기는 내 회사가 한 단계 도약하기 위한 일종의 기회다.

네 번째 **N**

Nevertheless

무덤덤하게 맞서라

SEVEN CHANGES

윤소라

7

"술자리, 피할 수 없으면 까짓 거 즐겨봅시다.
대신 술자리에서 깐깐하고 독하게 보이기로 우리 약속해요."

윤소라 유아이 대표

●
○
●

윤소라 유아이 대표의 이야기

자타공인 '창업 재수생', '재기 기업인'이다. 남들은 한 번도 하기 힘든 창업을 두 번이나 했다. 첫 번째 창업이 실패한 뒤에도 굴하지 않고 다시 도전했다.

첫 사회생활은 다른 직장인들처럼 평범했다. 대학을 졸업한 뒤 외국계 회사를 다니면서 해외연수를 일본으로 다녀왔다. 공부 욕심이 나서 일본에서 늦깎이 유학생활을 했다. 다시 한국에 돌아와서 중소기업에 취직했다. 무역회사였다. 그 사이 워킹맘이 됐다.

직장생활을 총 17년쯤 했을까. 섬유업체를 창업했다.

'내가 사장이면 직원일 때보다 시간을 유연하게 쓸 수 있을 것 같다'는 생각에서였다. 연년생 형제는 손이 많이 갔다. 하지만 준비가 제대로 안 된 창업은 위험했고 무모했다. 준비 부족으로 1년 만에 망했다. 시원하게 말아먹고 손을 뗐다.

회사를 정리한 뒤 새로운 직장에 들어갔다. 전자부품 소재 무역업체였다. 급여는 많지 않지만 정시 퇴근이 가능해 워킹맘에게는 딱이었다. 하지만 정작 일을 시작해 보니 만만치 않았다. 무역팀장이 된 그는 새벽까지 회사에 있는 일이 잦아졌다. 회사는 성장했지만 그의 마음은 계속 불편했다.

이렇게 적은 급여를 받고 몇 배의 일을 하느니 차라리 독립을 하자. 당시 매출이 급증했던 회사는 같이 고생했던 직원들을 먼저 아껴주고 챙기기 보다는 오너의 가족부터 대우해 줬다. 억울했다.

그래서 '사업병'이 다시 도졌다. 이번엔 잘할 자신이 있었다. 첫 번째 창업 때보다 몇 배나 철저하게 대비했다. 윤소라 대표는 가족에게도 비밀로 하면서 재창업 준비를 했고, 마흔네 살이던 2006년 산업용 테이프 제조 업체 유아이를 설립했다. 적지 않은 나이였다.

유아이는 일반 소비자들에게 다소 생소한 분야를 다룬다. 산업용 테이프다. 휴대폰을 비롯해 전자, 건축, 의료, 선박 등 다양한 산업 분야에 쓰이는 특수 테이프다. 부품을 고정해 주고, 충격을 완화해 준다. 빛을 차단하는 것뿐 아니라 절연, 전기 공급, 발열 차단 등 다양한 역할을 하는 똑똑한 기능성 테이프다. 각 소재가 제 기능을 발휘할 수 있도록 도와주는 '산업의 쌀' 역할을 한다.

윤 대표가 재창업 전에 근무했던 곳은 전자부품 업체였다. 당시 그는 '앞으로 산업용 테이프가 많이 필요할 것 같다'는 직감이 들었다. 세계적인 테이프 제조회사인 3M은 설립한 지 130년이 된 회사다. 일본의 닛또정공도 110년의 역사를 자랑한다.

하지만 우리나라 산업용 테이프의 역사는 지극히 짧다. '틈새시장'이 있다고 판단했다. 남성들 위주의 대표적인 남탕 산업이지만, 그래서 더 매력 있게 느껴졌다.

과감하게 제조업에 도전했다. 창업에 한 번 실패했던 경험도 윤 대표에게는 큰 자산이었다.

처음 회사를 설립한 뒤 초창기에는 무역업을 했다. 무역회사에 오래 다녀 무역 분야는 자신 있던 터였다.

자동차유리 필름 분야에서는 세계적으로 손꼽히는 일본 세이스키사를 찾아가 LCD(액정표시장치) 분야의 한국 진출을 먼저 제안했다. 두 회사는 손잡았다. 그런 뒤 3년 동안 홀로서기 준비를 차근차근 했다. 국산화를 위한 연구개발과 제조 기반을 마련했다. 독립에 성공했다.

유아이의 제품은 삼성전자, LG전자, 화웨이 등 전자 분야 대기업의 2, 3차 협력사에 쓰인다. 유아이가 생산하는 테이프 종류만 100여 개가 넘는다. 다품종 소량 생산이다. 주문량이 적더라도 신속하게 대응할 수 있도록 유연한 시스템을 갖췄다.

하나의 제품이 큰 매출을 내진 못한다. 하지만 없어서는 안 되는, 정말 중요한 제품을 만든다. 그런 제품이 100개가 넘는다. 유아이만의 차별화. 매출이 적다 보니 대기업들이 신경 쓰지 않는 분야다. 유아이가 그중 특히 잘하는 분야는 휴대폰 LCD용 테이프다. 기술력과 생산 기반이 모두 필요하다.

윤 대표는 한국여성벤처협회 회장을 맡고 있다. 후배들을 이끌어주기 위해서다. 자신이 겪었던 시행착오도 함께 나누고 싶다. 얼마 전엔 경기도 성남에 사옥을 새로 지었다. 작은 회사이지만 직원들에게 '번듯한 건물하나 지어서 좋은 곳에서 일하자'는 약속을 일찌감치 했었다. 약속 하나는 꼭 지키는 의리파다.

●
○
●

남자는 회식의 동물

남자들은 회사를 또 하나의 집으로 여긴다. 주 5일제 시행으로 분위기가 많이 변하긴 했으나, 그래도 많은 남성들은 특별한 일이 없더라도 주말에 회사에 나와 어슬렁거린다. 6시 땡! 해도 그다지 집에 갈 생각이 없다. 출근은 또 왜 이리 일찍 하는지. 특히 회식을 정말로 사랑한다. 잠만 집에 가서 자고 오는 것 같다. 남성들에게 회사는 인생의 전부다.

하지만 여성들은 상황이 좀 다르다. 법정 근무시간이 지났고, 나는 이제 내 할 일을 다 했다. 그런데 아무도 안 간다. 젠장, 집에 가야 한다. 집에는 나를 기다리는 아이들이 있다. 애를 봐 주는 아주머니는 내가 퇴근해야만 퇴근할 수 있다. 우리는 서로 교대하는 사이다. 속이 타들어간다. 환장하겠네.

'회사'라는 시스템 자체가 원래 남성 위주다. 태생적으로 그렇다. 남자들의 성향, 습관, 취향, 본성 등에 맞춰서 오랜 시간 고착화됐다. 많은 여성들이 사회생활을 하고 커리어를 쌓아가고 있지만, 회사라는 공간은 여전히 남성적이다. 우리나라는 더더욱 그렇다.

가정에서 발생하는 육아와 집안일 등은 전통적으로 여성의 영역이었다. 회사를 다니거나 사업을 하는 남자들에게는 그리 신경 써야 하는 일이 아니었다. 여자들은 다르다. 오랫동안 가정 내부의 이슈를 책임졌던 여성들이 사회에 나오고 사업까지 하면서 여성들이 신경 쓸 것은 곱절로 늘었다. 회사에 오면 회사 일에 집중해야 하고, 집에 가서도 쉬질 못한다.

그래서 많이 불리하다. 선천적으로 남성에 비해 체력이 약한 여성들의 입장에서는 억울할 일이다. 돈도 벌고, 사업도 하고, 인맥관리도 하고, 애도 낳고, 또 그 애를 키우고, 살림도 하고. 아마 슈퍼맨을 데려다 놓아도 '한국 여성들 정말 대단하다'면서 고개를 절레절레 흔들 것 같다.

그렇게 좋지 않은 상황이지만 그래도 많은 여성들이 사업에 도전한다. 남자들이 득실득실한 곳에 제 발로 걸어 들어간다. 그렇게 남자들과 대결한다.

하지만 기왕 싸우는 것이라면 제대로, 현명하게, 효율적으로 경쟁하는 것이 좋을 것이다. 싸움의 기술을 익히자는 이야기다. 그러려면 일단 남성들의 세계를 이해해야 한다. 그게 아직까지는 이 경기의 룰이다.

회사가 남성들에게 어떤 의미인지, 남자들은 사업을 어떻게 하는지, 부하 직원들을 어떻게 다루는지, 여성들이 별로 좋아하지 않는 회식에 왜 그렇게 집착하는지, 사업의 꽃이라고 할 수 있는 영업현장에서 어떻게 경쟁해야 하는지 등. 연구해야 할 것들이 많다.

그중 빼놓을 수 없는 것이 회식이다. 회식은 말 그대로 단순히 모여서 식사를 하는 것을 뛰어넘는다, 적어도 남성 위주의 사회에선.

김 부장에게 찍혔던 것을 만회할 수 있는 기회이고, 옆 부서 박 대리가 여자 친구가 생겼다는 걸 알 수 있다. 회사가 요즘 어떻게 돌아가는지, 매출이나 실적은 어떤지도 알 수 있고, 대표의 최근 분위기도 확인 가능하다. 경쟁업체 동향에 대해서도 공유할 수 있고, 내 월급으로는 평소에 먹기 힘든 맛있는 음식을 먹을 수 있기도 하다.

윤소라 유아이 대표의 생각도 그렇다. 회사라는 좁은 공간, 딱딱한 분위기에서 상대방에 대해 얼마나 알 수 있을까. 하루 종일 컴퓨터 모니터에 얼굴을 박고 일하다 보면 없던 병과 스트레스가 생기는 것 같은데 말이다.

그래서 윤 대표는 회식을 중요시 여긴다. 회식은 '회사에서 시작하는 문화'라고 주장한다. 윤 대표는 주말에 맛집을 가게 되면 '나중에 우리 직원들 데리고 와서 회식해야지' 하는 생각이 든다. 저녁 때 모여서 밥과 술을 먹다보면 이것도 지겹다.

회식의 종류도 다양하게 바뀌었다. 중소기업치고는 꽤 과감한 시도를 한다. 뮤지컬과 콘서트 등을 직원들과 함께 보러간다. 1년에 4번 이상 직원들과 공연장 나들이를 간다. 함께 본 공연은 캣츠, 명성황후, 휘성 콘서트 등 다양하다. 직원들의 의견과 취향을 취합해서 고른다.

회식이나 모임의 분위기도 꽤 부드럽다. '서로를 알아가는 기회'라는 생각이 기저에 깔려있기 때문이다. 깔깔거리는 웃음소리가 끊이질 않는다.

그러다 보니 직원들의 충성도가 높다. 윤 대표를 좋아하고, 믿고 따른다. 괜찮은 공연을 보고 온 뒤에는 직원들의 표정이 밝다. 일도 열심히 한다. 결코 싸지 않은 티켓이지만 몇 배의 가치를 한다. 회식이 회사에 불어넣는 힘은 생각보다 크다.

많은 여성 대표들이 '개인적'이라는 이야기를 듣는다. 법정 근로시간이 지나면 '땡' 하고 퇴근한다. '내가 사장인데, 내 마음대로 하는 건 당연하지.' 물론 맞는 얘기다. 집에 가서도 할 일이 많기 때문이다.

하지만 생각을 조금 바꿔보는 것도 괜찮을 듯하다. "오늘 한잔하고 갈래?"라고 물어보는 거다. 남성스러운 문화에 젖어드는 것 같지만, 따지고 보면 그들의 장점만을 취하는 것도 영리한 방법이다. 무덤덤하지만, 영리하게 맞서자.

　인간은 기본적으로 어울리는 것을 좋아한다. 관계를 맺는 데서 보람과 기쁨을 느낀다. 회식은 가장 좋은 방법 중 하나다. 사내 관계 맺기에 먼저 사장님이 나서보는 것은 어떨까. 오고 싶은 일터를 만드는 건 사장인 나의 몫이다.

●
○
●

"김 사장이 따라주는 술 마셔보자"

꼭 술을 마셔야 사업이 굴러가는 걸까. 세계 7대 미스터리 중 하나에 꼽아도 될 것 같다. 게다가 한국 사람들은 왜 이렇게 술자리가 많고 술 마시는 걸 좋아하는지. 특히 사업을 하다보면 월급쟁이였을 때보다 몇 배는 많은 술자리가 나를 기다리고 있다. 당황스럽기 짝이 없다. 울고 싶은 노릇이다.

그렇다고 다 피해 다닐 수도 없다. 회사 영업에 도움을 준다고들 한다. 잘 보여야 하는 공무원들도 있고, 거래처 분들도 챙겨야 하고, 인맥도 쌓아야 한다. 하지만 나는 술을 잘 못한다. 그래서 술 마시는 게 참으로 괴롭다.

사업을 하면서 만들어지는 술자리는 나름대로 다 '의미'가 있다. 우리 회사에 피가 되고, 살이 되는 자리라고 한다. 원치 않는 술자리도 다 받아들여야 한다. 술자리에서 거래가 성사되기도 하고, 정보를 얻기도 하며, 껄끄러웠던 관계도 개선시킬 수 있다.

점심식사 약속과는 차원이 다르다. 일단 같이 있는 시간이 길어졌다. 그리고 알코올이 체내에 들어가 알딸딸하고 기분 좋게 만들어 준다. 서로 팽팽하게 오가던 긴장의 끈이 서서히 헐거워진다. 상대방의 장점이 보이기 시작한다.

그렇게 몇 순배 술이 오가고, 잔을 부딪치고 하다 보면 자연스럽게 유대감이 생긴다. 함께 술을 마셨다는 공감대도 형성된다. 접대 받는 사람 입장에서는 얻어먹는 술과 밥은 더욱 맛있게 느껴진다.

여성들도 다 안다. 머리로는 익히 알고 있다. 술자리가 중요하다는 것 말이다. 하지만 거부감부터 왈칵 든다. '술에 취해서 나를 여자로 보면 어떡하지' 하는 노파심이 먼저 앞선다. 게다가 신문 사회면을 하루가 멀다 하도 장식하는 각종 사건사고 뉴스는 꼭 술자리에서 일어난다. 성추행, 성희롱, 시비 등.

무서움이 스멀스멀 밀려온다. 하지만 지레 겁먹을 필요는 없다. 일단, 예전처럼 그렇게 개념 없고 무뢰배인 사람들이 많이 줄었다. 신문에 나오는 사건들은 그 자체만으로 기사거리가 되고 화제성이 있기 때문이다. 게다가 내가 사장으로서 참석하는 술자리는 비즈니스를 위한 것 아니던가. 최소한 다들 제정신이 박힌 멀쩡한 사람들이다. 물론, 술이 많이 들어가면 '멍멍이'로 변하는 이들도 아주 가끔 있지만 말이다.

윤 대표도 술 마시는 것을 좋아하진 않는다. 술자리 제의가 들어오면 일단 분위기를 살피며 거절해도 되겠다 싶은 것들은 기분 나쁘지 않도록 우회적으로 미루거나 거절한다. 기분에 취해서 "우리 한잔할까요?" 하고 섣불리 술자리를 만들지 않는다. 금물이다.

윤 대표에게는 '술자리 세팅' 원칙이 몇 가지 있다. 앞서 얘기한 것처럼 일단 첫 제의에 바로 승낙하지 않는다. 업계는 소문이 정말 빠르다. "유아이 윤소라 대표 있지? 술 마시는 것 좋아하나봐. 술 먹자고 하니까 좋아서 오케이! 외치던데." 이렇게 와전될 수 있는 곳이 대한민국이다.

그 다음 원칙은 '오랜 시간 알아온 사람과 술을 마신다'는 것이다. 시간을 두고 옆에서 지켜보거나 거래를 한 사람은 신뢰가 있다. 믿을 만한 사람들 하고만 술자리를 갖는다. 그만큼 철저하다 싶을 정도로 선을 긋는다.

물론 이런 태도 때문에 뒷말도 많이 오갔다. "유아이 윤 대표 말이야, 왜 그렇게 깐깐해? 못생겨서 엄청 깐깐해." 이런 얘기는 또 금방 내 귀까지 들어온다. 이런 험담을 듣고 기분 좋을 사람이 몇 있겠냐마는, 그래도 원칙은 원칙이다.

이렇게 어렵고 높은 관문을 뚫고 드디어 술자리를 갖게 됐다. 자, 준비물이 있다. 즐거운 마음과 밝은 표정이다. 기왕 갖는 술자리인데 상대방을 기분 좋게 만들어주자. 윤 대표의 세 번째 술자리 원칙이다.

분위기를 띄우는 것은 '오버한다'는 뜻이 아니다. 여

성성을 내세우라는 말도 결코 아니다. 오해하면 안 된다. 상대의 말에 귀를 기울이고, 상대방을 존중해 주는 것이다. 내가 여성이 아닌, 거래처 사장으로서 받아들일 수 있게끔 말이다. 술자리는 사람 대 사람으로서 관계를 맺는 일이다.

윤 대표가 중국 출장을 갔을 때의 일이다. 중국 업체와 진행했던 일이 잘됐다. 두 회사가 모두 화기애애하게 분위기가 좋았다. 자연스럽게 저녁 술자리로 이어졌다. 하지만 변수가 생겼다. 동행한 전무와 영업팀장에게 사정이 생겨 그날 두 남자는 술자리에 참석은 했지만 술을 마실 수는 없었다. 유아이 측에서 술자리에 전념할 수 있는 선수는 윤 대표 혼자였다. 맙소사.

윤 대표는 흔쾌히 "제가 대표로 마시겠습니다"라고 이야기하며 분위기를 띄웠다. 중국인들은 화끈하게 맥주컵에 독주를 반 컵 정도 따랐다. '술은 정신력으로 마시는 거야.' 윤 대표는 속으로 되뇌며 정신줄을 바짝 붙잡고 열심히 마셨다.

대표가 솔선수범해서 술을 마시자 동행했던 임원들

도 즐거워했다. 중국 거래처에서 나중에 이런 얘기를 했다. "윤 대표를 보니 유아이가 왜 잘 되는지 알 것 같습니다."

대표가 술자리에서 어떤 모습을 보이느냐에 따라 회사의 평판까지 달라질 수 있다. 간혹 운이 없어서 술자리에서 미친놈을 만날 수도 있을 것이다. 그래도 흔들리지 말고 무덤덤하고 의연하게 대처하자. 놀란 내 감정을 드러내면 상대는 더욱 신이 난다.

상대방이 약간 멋쩍게, 그렇지만 전체적인 분위기는 깨지 않게끔 센스를 담아서 받아치면 더 좋을 것이다. 그렇다, 한국 사회서 여성CEO로 사는 게 쉽지만은 않다. 그래도 술자리는 중요하다. 술자리에 임하는 나만의 원칙을 세우자. 그렇지 않으면 이리저리 휩쓸려 다니기 십상이다. 술자리도 사업의 연장이다.

●
○
●

'여자의 적은 여자'라는 프레임

남성들이 여자를 공격하는 방법 중 하나가 프레임을 짜는 것이다. 이를테면 도로에서 운전에 능숙하지 못하는 초보 차량을 보고 '김 여사'라고 대뜸 비하하는 것처럼 말이다. "집에서 밥이나 하고 애나 보지 왜 차를 끌고 나와!" 하면서 비난한다. 사실 초보 운전자 중 사고를 내는 비율은 여성보다 남성이 훨씬 더 높다. 그만큼 운전자들은 남성이 많다.

그런데도 불구하고 대뜸 김 여사라고 여성 비하 프레임을 씌우는 이유는 뭘까. 여러 원인이 있겠지만 일단 우리 사회에 오랫동안 쌓여온 편견 때문이다. 아주 오래 전부터 사회생활은 남성들의 몫이었다. 그러다 보니 운전도 남자들이 했다. 자신들만의 영역이었던 셈이다.

이 남성 영역에 언제부터인가 여성들이 들어왔다. 후발주자인 여성들의 저력은 예상보다 셌다. 심지어 보통의 남성들보다 뛰어난 학습능력과 결과물을 보이고 있다. 남성들이 오랫동안 쌓아온 기득권을 흔들고 있다. 본능적으로 남성들의 불안감이 엄습할 만하다.

그래서 남성들은 여성을 공격하기 시작했다. 여성에 대해 예전처럼 수동적인 가정주부 역할을 부여하며 평가절하 하는 것이다. 가장 쉬운 공격법이자, 여성의 아킬레스건이다. 사실 가정주부는 한 가정을 꾸려나가는 팀장 같은 역할인데, 이를 '집에서 밥하는 사람' 정도로 끌어내린다. 못된 수법이다.

사업을 하는 여성들은 보통의 여성들에 비해 더 공격을 많이 받는다. 특히 여성CEO의 회사가 잘 되거나, 두각을 보이거나 하면 온갖 이들이 나타나 공격을 시작한다. 총알받이가 따로 없다.

여성CEO들이 받는 공격의 논리들은 다양하다. 김 여사처럼 원초적인 비난이 있는가 하면, 외모비하도 있다. 윤 대표도 다양한 공격을 당했다. 윤 대표가 거래처 미팅에서 서글서글하게 웃자 "미인도 아닌데 웃음이 많으시네요"라는 상대방의 대꾸가 돌아왔다. 웃는 낯에 대뜸 침을 뱉어 버리다니, 참으로 황당한 반응이다.

윤 대표가 깐깐하게 대응하면 "못생긴 데다 깐깐하기까지 하네요"라고 말하는 사람도 있었다. 왜 내 외모가 품평의 대상이 돼야 하는 건지, 이해할 수 없는 노릇이다. 거래하는 업체의 남자 사장의 외모와 복근에 대해 입을 대는 사람은 없지 않은가.

외모만큼 많이 언급되는 게 '여자의 적은 여자라더니… 쯧쯧' 하는 반응이다. 이른바 '여적여' 프레임이다. 이런 논리로 공격하는 사람들은 대부분 남성인 경우가 많다. 이들의 심리는 간단하다. 자신들과는 상관없다는 태도로 일관하는 것이다.

자신들의 문제에 대한 진지한 고민은 회피한 채, 모두 여성들의 책임으로 떠넘기는 남성들의 '지질함' 정도로 생각해두자. 여자의 적은 여자가 아니다. 여자도, 남자도 아닌 '인간'이다. 모두와 정정당당하게 경쟁해야 한다. 그게 건강한 사회이고, 그래야 경제도 발전한다.

간혹 같은 여자들 중에서도 이 프레임을 운운하는 사람들이 있다. 남자들이 씌워놓은 편견에 오랫동안 노출돼 문제의식조차 없어진 거다. 우리 동지들끼리는 인간적으로 그러지 말자. 우리끼리 싸울 필요는 없다.

윤 대표도 이런 프레임의 공격을 많이 당했다. 하지만 그는 당당하게 너털웃음을 지어 보인다. 이렇게 날 세우며 비판하는 사람들이 많다는 것은 그만큼 나와 내 회사가 잘 되고 있다는 방증이라고 생각해버린다. '악플보다 더 무서운 게 무플'이라는 말도 있지 않은가.

그녀는 꽤 긍정적이다. 어릴 때 읽었던 책이 성격과 인생의 방향을 결정하는 데 큰 영향을 끼쳤다. 초등학교 3학년 무렵이었을까, 우연히 《빨간머리 앤》을 읽었다. 금세 빨려들었고, 읽고 또 읽었다.

'앤은 참 긍정적이구나. 어떻게 이런 상황에서 그런

생각을 할 수 있지? 그래서 일이 술술 잘 풀렸나봐. 나도 앤처럼 긍정적이고 매사에 감사하는 마음을 가져야겠다.' 어린 소녀였던 윤 대표에게 빨간머리 앤의 울림은 컸다.

둥글둥글하고 무던한 윤 대표의 스타일은 그렇게 완성됐다. 모나지 않다 보니 외부에서 어떤 공격이 들어와도 크게 동요하지 않는다. 제조업에 뛰어들어 안정적으로 자리 잡을 수 있었던 원동력도 이런 성격 덕분이었다.

작은 것에 감사하는 습관 덕도 톡톡히 봤다. 한 번 회사를 말아먹고 나니 감사하는 마음은 더욱 커졌다. 출근할 수 있는 나만의 사업장이 있는 것도 기뻤고, 나를 믿고 따라주는 직원들이 생긴 것도 즐거웠다. 아침에 거울을 보면 엔돌핀이 솟는 것 같다. 하루가 또 밝았구나. 어서 회사에 가자.

한 번 실패하는 경험도 그에겐 도리어 자산이 됐다. 실패에 대한 두려움이 없어졌다. 모든 일은 성공 아니면 실패가 아니던가. 확률은 반반이다. 실패를 겁내지 않고, '잘 안 될수도 있지' 하며 툭툭 털어 넘길 수 있는 대범함을 갖추게 됐다.

그녀는 남성들과의 경쟁에서도 크게 긴장하거나 잔뜩 겁먹지 않는다. 윤 대표를 처음 보는 사람들은 "생각보다 무덤덤하네"라는 반응을 보인다. 무덤덤함 속에 내공이 감춰져 있는 것을 모르고 말이다.

틈새시장을 공략한 것도 그런 계산에서였다. 남들이 어려워하고 잘하지 않는 분야이기 때문에 도전했다. 차별화에 성공한다면 승산이 있을 것이라는 생각이 들었다. 직원들에게도 그런 마음가짐으로 대한다.

회사가 어느 정도 자리를 잡자 "회사를 매각하라"는 제안도 많이 받았다. 고민할 여지조차 없는 문제라고 생각해, 일언지하에 거절했다. 윤 대표는 회사를 오랫동안 이끌어가고 싶다. 직원들이 "내 애들도 일하게 하고 싶어요"라는 말이 듣고 싶다. 작은 회사지만 내실을 키워야겠다는 다짐을 하는 것도 그래서다.

치열한 제조업계에서, 남자 사장들만 가득한 상황에서 윤 대표는 재수까지 한 끝에 이 자리에 섰다. 일희일

비하지 않았기에 가능했던 일이었다. 감정을 크게 드러내지 않고, 무덤덤하게 맞서왔다.

윤 대표가 학창시절 교육을 받을 때만 해도 당시엔 여성을 심사임당처럼 키워내려는 분위기가 대세였다. 가정에 충실하고 여성이 지켜야 하는 가장 큰 가치는 '남편과 자식'이라고 교육 받았다. 그런 게 당연한 시대였다.

하지만 더 이상은 아니다. 여성의 도전을 응원하고, 여성도 모든 분야에 뛰어들 수 있다는 분위기가 형성되고 있다. 윤 대표처럼 말이다. 우여곡절 끝에 마흔 네 살에 회사를 차린 윤 대표보다 우리는 훨씬 유리하다. 잊지 말자.

다섯 번째 **G**

Gather
악착같이 모으자

SEVEN CHANGES

계난경

7

"엄마의 마음이 직원들에게 통했죠."

———
계난경 동학식품 대표

●
○
●

계난경 동학식품 대표의 이야기

두 딸과 늦둥이 아들, 삼남매를 키우던 주부였다. 이화여대 문헌정보학과를 졸업한 뒤 결혼해서 평범하게 살았다. 평탄한 삶이었다. 남편은 사업을 했다. 남편은 처음엔 봉제완구를 취급했다.

그러던 중 1996년 미국 뉴올리언스에서 열린 테마파크박람회(IAAPA)에 바람이나 쐴 겸 남편을 따라갔다. 당시 처음 출품된 미니멜츠 구슬아이스크림을 본 계난경 동학식품 대표는 '촉'이 왔다. '이거다!' 싶었다.

남편을 설득하기 시작했다. 구슬아이스크림은 당시

에 꽤 생소했다. 하지만 그는 구슬 모양의 동그란 모양과 식감이 인기를 끌 것이란 확신이 들었다. 아이들을 키우는 엄마로서의 직감이었다. 남편은 그의 설득에 넘어갔고, 미국 미니멜츠사와 계약까지 했다. 이듬해인 1997년 동학식품이라는 회사를 세웠고, 빙과류 제조에 뛰어들었다. 구슬아이스크림을 생산하기 시작했다.

회사는 그럭저럭 굴러갔다. 썩 잘된 것은 아니지만, 먹고살 만은 했다. 지병을 앓던 남편의 상태가 심상치 않게 된 것은 그 무렵이었다. 성인병 때문에 간수치가 급속히 나빠졌고, 간 이식을 받아야만 하는 상황이 됐다.

간이식 수술이 끝났으나 남편은 한동안 깨어나질 못했다. 불길한 예감이 들기 시작했다. 불길함은 틀린 적이 없다던가. 남편의 공백이 길어지면서 회사도 자연스레 방치돼 있었다. 대표의 부재로 갖은 잡음이 생겼다. '안 되겠다' 싶어서 계 대표는 남편 대신 회사를 챙기기 시작했다.

병상에 누운 남편은 결국 2009년 세상을 떠나버렸다. 그는 순식간에 '가장'이 됐다. 세상이 무너지는 기분이었다. 그를 빤히 쳐다보는 삼 남매의 눈빛을 보니 갑자기 번쩍 정신이 들었다. '그래, 난 엄마였지. 강인해져야 한다. 엄마는 강하니까.'

장례식을 치르자마자 계 대표가 향한 곳은 바로 회사, 동학식품이었다. 슬픔에 잠겨있을 시간도, 여유도 없었다. 그것조차 사치처럼 느껴졌다. 그만큼 절박하고, 힘든 시간이었다.

수십 년간 살림만 하려다가 기업 경영에 뛰어들려고 하니 정말 두렵고 겁이 났다. '나 때문에 회사가 잘못되면 어쩌지' 하는 망설임이 컸다. 도무지 용기가 나지 않았다. 하지만 대표의 공백으로 회사는 흔들리고 있었다. '할 수 있을까' 하고 저울질하기보다는 내가 해야만 하는 일이라는 생각이 점점 커졌다. 회피하지 말고 맞닥뜨리자. 정면 승부를 해보자.

계 대표는 직원들을 모아놓고 앞에 섰다. 정말 떨렸다. 하지만 진심을 담아 감성에 호소했다. "솔직하게 얘기할게요. 전 오랫동안 주부였고, 기업에 대해선 잘 몰라요. 하지만 이젠 사장이 됐습니다. 그러니까 많이 물어보고, 공부할게요. 절 믿고 따라주세요. 저도 정말 최선을 다할게요. 우리 한번 같이 해 봐요."

계 대표가 가장 먼저 손본 것은 직원들의 월급이었다. '아니, 이 돈으로 어떻게 먹고살지?'라는 생각이 들 만큼 중소기업, 특히 영세한 식품업체의 임금은 박봉이었다. 계 대표는 직원들의 월급을 30%가량 올렸다. 모두가 놀랐다. 100대 중소기업의 평균 연봉에 맞추는, 파격적인 인상이었다.

가정이 평안해야 회사에 나와서도 일에 집중할 수 있다는 생각에서였다. 하지만 주변에서는 고깝게 보았다. 처음이라 잘 몰라서 그런다는 둥, 직원들의 환심을 사려고 돈을 준다는 둥 여러 소리가 많이 들렸다. 오히려 직원들이 계 대표를 걱정했다. "저희한테 이렇게 주셔도 회사가 괜찮나요"라면서.

그렇게 좌충우돌로 시작한 대표 생활이었지만 빠르게 적응했다. 믿고 맡긴 만큼, 직원들은 계 대표를 잘 따라왔다. 대표와 직원들의 손발이 척척 맞으면서 회사의 덩치도 커 나갔다.

계 대표는 물 만난 고기처럼 일했다. 때로는 과감하다싶을 만큼 밀어붙이는 결정을 내렸고, 미래를 위한 투자에는 아낌없이 지갑을 열었다.

동학식품이 거래하고 있는 대기업에서 공장 실사를 자주 나오는데 생산공장을 가 본 이들은 모두 혀를 내두른다. 중소기업에서 이렇게 철저하게 관리하는 것은 처음 본다는 반응이다. 계 대표는 연구개발(R&D)에 집중했다. 회사가 돈을 벌 때마다 꼬박꼬박 투자했다.

미니멜츠 구슬아이스크림은 전국의 주요 테마파크와 백화점, 대형마트, 편의점, 멀티플렉스 영화관, 홈쇼핑, 온라인몰 등에서 찾아볼 수 있다. 학교 급식에서도 나온다. 아시아 지역의 판권도 동학식품에서 갖고 있다. 해외 10여 개국으로 수출도 하고 있다. 남편이 살아생전 경영했던 당시보다 여섯 배 이상 매출이 늘었다.

계 대표가 직원들로부터 가장 많이 듣는 이야기는 "우리 사장님은 참 잘 웃어요"다. 일이 잘못되더라도 화도 잘 안 낸다. 결국 내가 내린 결정 때문이라는 게 그의 생각이다. 대표가 잘 웃으니 회사 분위기도 좋고, 다들 즐겁게 일한다. 귀여운 구슬아이스크림 미니멜츠가 인기를 끌 수밖에 없는 이유다.

●
○
●

직원을 믿으라

계난경 동학식품 대표는 삼남매를 키운다. 계 대표의 아이들은 엄마에 대해 "무서운 사람"이라고 한다. "엄마는 늘 웃어요. 항상 웃는 얼굴이예요. 우리가 잘못해도 화도 잘 안 내죠. 그런데 막 소리지르는 다른 엄마들보다 우리 엄마가 더 무서운 거예요."

'엄마의 마음'이라고 했다. 아주 크게 어긋나지만 않으면 거의 터치하지 않았다. 그렇게 자식들을 키워왔다. 아이들의 자율성을 존중해 줬다. 뭘 하든 너희 마음대로 하라고 했다. 옆에서 지켜보고만 있는 것이다. 엄마의 이런 방목형 교육법 덕분이었을까, 계 대표의 삼남매는 훌륭하게 컸다.

회사에서도 마찬가지다. 계 대표는 직원들도 아이들처럼 '방목'한다. 한 발짝 멀찍이 떨어져서 웃으면서 지켜보는 방목형 경영이다. 방목형 교육은 내 아이들에 대한 기본적인 신뢰가 있었기에 가능했다. 회사 경영도 그렇다. 내 직원들에 대한 믿음이 있기 때문에 가능한 일이다.

계 대표는 늘 웃는다. 말단 직원들에게도 깍듯하게 존댓말을 쓴다. 사장님이 잘 웃다보니 동학식품 사무실은 웃음소리가 끊이질 않는다. 상투적인 말이지만 '가족 같은 회사'다.

"행여나 일이 잘못되더라도 저는 직원들을 혼내지 않아요. 업무가 잘못되도록 최종 결정을 내린 것은 사장인 저잖아요. 그러니까 제 책임인 거죠. 직원들을 혼내거나 남들 탓을 하지 않습니다. 사실 쉽진 않은데요, 마인드 컨트롤을 하는 거죠."

직원들에게 '전권'을 준다. 믿고 맡긴다. '부드러운 카리스마'다. 영업이든 제조든 전문가가 어련히 알아서 잘하겠거니, 하는 통 큰 마음인 거다. 믿고 맡겨주니 담당자는 어깨가 무거운 동시에 어깨가 으쓱거린다. 책임과 의무를 동시에 쥐어주는, '당근' 전략이다. 거래처에서도 동학식품의 이런 문화는 유명하다.

이심전심(以心傳心)이라고 했던가, 진심은 통하기 마련이다. 계 대표의 이런 마음을 읽은 직원들은 알아서 더욱 열심히 한다. 내 일처럼, 내 사업처럼, 내 가족처럼 여기게 된다는 게 직원들의 공통된 설명이다. 회사는 쑥쑥 커 나간다.

처음엔 그냥 립서비스처럼 하는 말인 줄 알았다. 하지만 동학식품 직원들을 하나하나 직접 만나서 이야기를 들어 보니, 그저 예의상 하는 말이 아니라 진짜였고 진심이었다. 여성CEO만의 부드럽고 섬세하고 웃는 분위기가 회사를 바꿔가고 있었다. 엄마처럼 직원들을 챙기자 애사심은 절로 생겨났다. 동학식품이 발전할 수 있는 원동력이 됐다.

동학식품 영업팀 과장의 동생이 얼마 전 결혼을 했다. 계 대표는 이 이야기를 다른 직원에게 전해 듣고는 이 과장을 따로 불러 축의금을 전달했다. 이 과장은 다소 놀랐다.

"제 동생의 결혼까지 챙겨주실 줄은 몰랐어요. 좀 감동했습니다. 사장님은 뭐랄까, 참 꼼꼼하고 섬세하세요. 그렇다고 너무 디테일하단 얘기는 아니고요. 암튼 생각지 못했던 것까지 기억하셨다가 그걸 마음에 간직하고 계셔서 저희가 종종 놀라곤 해요."

이 과장은 영업팀에서 주로 미니멜츠 구슬아이스크림 자판기를 담당했다. 얼마 전 테마파크 에버랜드와의 계약이 종료됐다. 통상 이럴 경우엔 담당자가 퇴사하는 게 일반적이다. 하지만 계 대표는 이를 담당하던 직원 3명을 모두 품었다.

"'이래도 되나' 싶을 때가 있어요. 사장님이 저희를 너무 믿고 맡기는 것 같아서요. 해외 출장을 갈 때도 저희가 세부상황 보고를 하려고 하면 웃으면서 '알아서 하세요'라고 하시더라고요. 그러니 저희가 알아서 아주 잘 하게 됩니다."

이 과장 역시 계 대표가 화를 내는 것을 본 적이 없다. 직원들끼리 하루는 심각하게 "사장님은 화내는 법을 모르시는 것 아닐까" 하며 토론하기도 했을 정도다. 뒤집어 생각해보면, 동학식품은 대표가 격노하지 않아도 될 만큼 잘 굴러가고 있다는 말이기도 하다.

식품유통을 담당하는 이상준 차장은 대기업 출신이다. CJ제일제당에서 2012년에 동학식품으로 자리를 옮겼다. 주로 기업들을 대상으로 하는 B2B 사업을 하고 있다. 대기업과 중소기업을 모두 경험한 만큼, 그가 바라보는 동학식품 및 여자 CEO에 대한 장단점도 명확하다.

"전 여기 와서 좀 놀랐어요. 아무래도 중소기업이 대기업보다 규모도 작고, 회사 시스템도 다를 거라고는 예상했는데요. 하지만 생각했던 것보다 회사가 너무 끈끈한 분위기더라고요. 직원들 사이의 연대감이라고 해야 하나, 뭔가 특유의 가족 같은 느낌도 있고요."

과거 대기업에서는 본인이 맡은 일만 해야 했다. 분

야가 세밀하게 쪼개졌다. 내 일만 잘 알았다. 그러나 중소기업으로 옮긴 뒤에는 기본적으로 내 업무 외에도 다른 일들을 보다 폭넓게 하고 있다.

이 차장이 또 놀랐던 일이 있다. 계 대표가 그에게 생각보다 많은 '전권'을 줬던 것이다. 그는 커피전문점 브랜드인 할리스커피 측에 제품 개발에 대해 먼저 아이디어를 제안했다. 계 대표는 이 차장을 잠자코 지켜보기만 했다. 이 차장이 적극적으로 나선 덕분에 두 회사는 같이 손잡고 콜라보레이션을 할 수 있었다.

양사의 협업이 성사되자 이 차장은 뛸 듯이 기뻤다. 처음부터 끝까지 내 손으로 해낸 일이었기 때문이다. 예전에 일했던 대기업은 상상조차 할 수 없는 일이었다. 일단 내가 낸 아이디어가 윗선까지 무사히 올라가리란 보장도 할 수 없다.

"제가 빙과 4개 업체를 담당하고 있습니다. 주로 B2B(기업 간 거래) 업무를 하는데요. 다른 회사들과 함께 할 수 있는 제품 개발에 대해 많이 고민합니다. 고민을 하다가 '이거다!' 싶으면 불도저같이 추진하게 됩니다.

사장님이 믿고 맡겨주니, 더 열심히 하게 되더군요."

같은 꿈을 꾸는 사람들. 같은 곳을 바라보며, 같은 생각을 하게 된다. 같이 오래 산 부부의 얼굴이 점차 비슷해지는 것과 같은 이치다. 희노애락을 함께 겪으며 얼굴 근육을 비슷하게 쓰기 때문이라고들 한다. 부부는 닮는다.

회사도 크게 다르지 않다. 같은 꿈을 꾸는 사람들이 모여 일하는 곳, 바로 일터다. 하루의 가장 많은 시간을 보내는 곳이다. 동료 때문에 받는 스트레스가 크다면 직장생활은 지옥과 같을 것이다. 그래서 함께 일하는 사람들이 중요하다.

빙과류 제조를 하는 중소기업인 동학식품의 직원들은 회사에 대한 만족도가 꽤 높다. 그들이 모시고 있는 여성CEO에 대한 믿음은 절대적이다. 회사는 웃음소리가 끊이지 않는다. 우리가 흔히들 생각하는 직장 분위기와는 조금 다르다. 가족 같은 따스함, 식솔들 특유의 화기애애함을 숨길 수 없다.

그 중심에는 계난경 대표가 있다. 그녀는 '여성 사장

만이 할 수 있는 일'이라고 말한다. 회사의 분위기를 편안하게 만들고, 내 능력을 발휘할 수 있도록 믿어주며, 서로를 좋아하고 챙겨주도록 하는 이른바 '큰 손' 역할을 하는 게 그녀의 몫이다.

남편이 이끌던 때와는 많이 달라졌다. 여성CEO만이 낼 수 있는 색깔로 회사를 업그레이드 시켰다. 크고 작은 결정을 하기 전에는 일단 직원들의 입장에서 생각해 본다. 그리고 직원들과 함께 고민한다.

진심은 통하게 마련이다. 마음이 먼저 움직이다보면 몸은 자연스레 따라간다. 대표는 직원들의 손을 잡고 보폭을 맞춰 걸어간다. 함께 가야 더 멀리 갈 수 있다. '나를 따르라'는 강력한 카리스마가 통하던 시절은 지났다.

여성CEO만이 할 수 있는 경영법이다. 실제로 많은 여성기업들이 오늘도 이렇게 성장하고 있다.

●
○
●

한시도 가만있지 마라, 백조처럼

계난경 동학식품 대표가 취임했던 2009년. 그즈음 국내 식품회사들의 화두는 'HACCP'이었다. 아마 이 단어에 대해 들어본 사람들이 이제는 꽤 될 것 같다. HACCP는 식품회사에서 제품을 안전하고 위생적으로 생산하고 있다는 것에 대해 정부 기관에서 인증해 주는 공신력 있는 제도다. 이 인증을 받기 위해서는 까다로운 기준들을 통과해야만 한다.

당시엔 HACCP이 필수 인증은 아니었다. 계 대표는 취임 이후 고민에 빠졌다. 좀 멀리 내다보고 싶었다. 언젠가는 이 HACCP이 식품업체들에겐 필수 인증 제도가 될 것 같았다. 그러려면 미리 준비하는 게 맞는 것 같았다.

하지만 그 당시 동학식품은 정말 작은 회사였다. 대표도 막 바뀐 참이었다. 회사는 어수선했다. 만약 HACCP 인증을 받으려면 기존의 경기도 안성 공장을 대대적으로 HACCP 기준에 맞춰 리모델링해야 했다. 각 실로 구분하고 설비를 갖춰야 했다. 말이 리모델링이지 기존 공장을 완전히 허물고 새로 짓는 수준이었다. 회사로선 꽤 부담되는 일이었다.

고민 끝에 계 대표는 한번 해보기로 했다. 과감한 결정을 내리자 주변에서 말렸다. "아직 사장이 된 지 얼마 안 돼서 뭘 모르시는 것 같은데, 너무 과감한 것 같습니다. 큰일을 벌이는 것 아닙니까?", "좀 무모해 보입니다", "날씨 때문에 공사가 늦어지면 어떡하죠. 미리 생산해 놓은 아이스크림이 모자라면 그땐 정말로 큰일입니다." 이런저런 말들이 많았다. 하지만 계 대표는 단순하게 상황을 정리했다. '모 아니면 빽도'라는 심정이었다.

판매할 아이스크림 제품들을 미리 생산하기 시작했다. 계산해 보니 자금이 많이 모자랐다. 은행에 가서 대출도 받았다. 겨울 비수기가 되길 기다렸다. 빙과류 회사로는 여름이 가장 성수기다. 그렇기 때문에 공사는 겨울에 해야만 했다.

우여곡절 끝에 공장 리모델링은 완성됐다. 구슬아이스크림의 생산시설 증대, 완전 자동화 생산 및 포장 시스템 설비, 원부자재의 입고와 보관 등 모든 과정이 독립된 공간에서 이뤄질 수 있게 됐다. 안전 생산 프로세스 구축, 모든 설비가 자동으로 세척 살균되는 자동 CIP(Clean In Place) 시스템도 갖춰졌다.

중소 빙과업체가 HACCP 기준에 맞춰 생산 공장을 대대적으로 정비했다는 소식이 전해지자 다들 놀라워했다. 과감한 투자는 곧 좋은 결과를 가져올 수 있었다. 당시 식약청(빙과류)와 농림수산식품부(유제품류)로부터 HACCP 인증을 받을 수 있었다.

2013년엔 유가공분야 HACCP 우수 운영업체로 선정되는 쾌거도 이뤄냈다. 유가공업 분야에서 당시 우수상을 받은 회사는 롯데푸드 천안공장과 동학식품 단 두 곳에 불과했다. 대기업과 어깨를 견줄 만큼의 생산공정 품질 관리를 인정받은 셈이다.

계 대표는 당시를 회상하며, "지금 돌이켜보면 제 자신이 참 배짱 있었어요. 취임한 지 얼마 안 됐을 땐데, 사실 업무 파악도 다 못했을 때였거든요. 근데 회사의 존망을 결정지을 법한 큰 결정을 내려버린 거잖아요. 공장 리모델링을 통해 저희가 한 차례 업그레이드 할 수 있었어요. '준비된 회사'가 된 거죠. 그렇게 차별화된 경쟁력을 지니게 됐어요. 참 잘했다 싶어요. 뿌듯합니다"라고 말했다.

기업을 하는 것은 백조처럼 사는 것 같다. 수면 위로 나와 있는 백조의 모습은 정말 아름답다. 우아하고 고고하기도 하다. 하지만 물 아래쪽, 백조의 하반신은 너무 바쁘다. 쉴 새 없이 자리를 휘젓고 움직여야만 그 고고한 자태를 유지할 수 있다.

여성기업인도 백조처럼 산다. 사실 남자들도 하기 어려운 게 경영이라고 한다. 쉽지 않은 일에 여성의 몸으로 도전하는 것 자체가 대단하다. 잘 살펴보면 남성 CEO보다 더 잘하는 여성기업인들이 꽤 많다. 직원들을 부드럽게 다루면서, 때로 치고 나가야 할 땐 누구보다 날렵하고 과감하다. 겉으로는 우아하고 고고한 모습을 유지하면서 말이다. 백조 같은 그녀들이다.

계 대표의 이야기는 이어졌다. "HACCP 인증을 위해 공장 재건축을 한 게 알고 보면 '신의 한 수'였어요. 그로 인해 새로운 판로가 개척되기 시작한 거죠."

회사가 쑥쑥 크게 될 수 있었던 결정적인 순간을 또 맞이하게 된 것이다. 국내 최고의 테마파크로 손꼽히는 에버랜드에 입점하게 된 일이었다.

십여 년 간 에버랜드에는 동학식품 미니멜츠 구슬아이스크림의 경쟁사인 디펜다츠가 공급되고 있었다. 디펜다츠는 꽤 오랫동안 에버랜드에서 물러서질 않았다. 동학식품은 호시탐탐 기회를 노렸지만, 쉽지 않았다.

그러던 중 2009년 말 입찰을 다시 한다는 소식이 들렸다. 하지만 하필이면 이 당시 경기도 안성공장이 HACCP 재건축을 하고 있던 때였다. 공장이 완공되기

전까지는 입찰을 위한 심사가 불가능했다. 속이 바짝 타들어가고 입술이 말랐다. 이 기회를 놓치고 싶진 않았다. 그래서 매달리고 또 매달렸다. 사정 설명을 하고, 진솔하게 설득했다. 그렇게 기회가 주어졌다.

당시 입찰 경쟁은 치열했다. 에버랜드 측에서는 한 리서치 회사에 심사를 맡겼다. 입찰 가격과 제품의 용기, 블라인드 테스트 등 대결이 펼쳐졌다. 과연 결과는…?

십여 년 만에 에버랜드의 벽을 넘게 됐다. 국내 최고의 테마파크에 납품하게 된 것은 매우 상징적이었다. 그로 인한 파급효과도 컸지만, 계 대표가 이번 입찰 건에 사활을 건 이유는 따로 있었다.

에버랜드 납품은 남편의 생전 목표였다. 남편은 늘 에버랜드에 우리의 구슬아이스크림을 공급하고 싶어했다. 남편의 소원을 이뤘다는 생각에 눈물이 났다.

'여보, 내가 대신 이뤘어. 나 잘했지? 이만하면 나 제법 사장 같지? 꿈에서라도 우리 만나게 되면 나 꼭 칭찬해줘.'

'에버랜드에 공급하는 회사'라는 든든한 꼬리표가 붙게 됐다. 롯데월드와 오션월드, 이월드 등 전국 주요 테마파크에서 동학식품의 구슬아이스크림 미니멜츠를 찾아볼 수 있다. 리조트와 국립중앙박물관, 국립과학관, 수족관 등 전시 및 공연시설, 유아놀이시설인 키즈카페에도 납품하게 됐다.

오늘도 계 대표는 백조처럼 하루를 시작한다. 백조처럼 치열하면서도 우아하게 보낸 하루하루가 쌓여 회사의 역사가 되고, 나의 인생이 된다. 내가 여성이기에 가능하고, 또 할 수 있는 일이라는 기쁜 다짐과 함께 말이다.

●
○
●

이 돈은 내 게 아니다, 회사 거다

계난경 동학식품 대표는 취임 이후 놀라운 속도로 경영 전반을 습득하며 회사를 꾸려나가기 시작했다. '해내고야 말겠다'는 본인의 강력한 의지와 직원들, 가족들 등 주변의 도움이 있었기에 가능한 일이었다. 모두의 손발이 착착 맞아떨어지면서 동학식품의 사세는 급속하게 확장됐다.

회사가 성장하게 되니 '돈'이 들어오기 시작했다. 손익분기점을 넘어서자 매출이 늘고, 이익도 증가했다. 보통 이런 시점이 되면 많은 대표들은 행복에 젖은 나머지

부동산을 사는 등 '돌발행동'을 하기도 한다. 가족이나 친척들을 요직에 앉히는 경우도 잦다.

회사의 성장 분기점 앞에서 계 대표는 또 고민을 했다. 지인 김 사장이 "어느 지역의 땅을 사서 재미를 봤다"는 소문이 들려오던 차였다. 고심 끝에 그가 내린 결정은 전혀 다른 것이었다.

계 대표는 "'우리만이 할 수 있는 것'을 가져보자"고 제안을 했다. 직원들은 모두 계 대표의 얼굴을 쳐다봤다. 이게 무슨 소리인가 싶었다.

"빙과류 제조는 사실 많은 대기업들이 하고 있잖아요. 그중에서도 특히 구슬아이스크림을 다루는 회사는 매우 적습니다. 우리와 경쟁사 정도죠. 그만큼 '틈새시장'이라는 뜻일 텐데요. 이 틈새시장을 우리만의 것으로 계속 지켜나가고, 덩치 큰 대기업들이 들어오지 못하게 하기 위해서는 우리만의 차별화 전략이 필요할 것 같습니다. 저는 그게 기술력 같은데요, 다들 어떻게 생각하세요?"

구슬아이스크림은 맛도 좋고, 모양도 귀엽고, 식감도

독특해서 인기였지만 딱 하나, 단점이 있었다. 영하 197 도의 초저온에서 생산된 뒤 유통되는 특수 아이스크림 이기 때문에 판매점에서도 영하 40도 이하로 내려가는 특수냉동고를 써야만 했다. 그러다 보니 일반 상점에서 는 쉽게 찾아볼 수 없었다. 제조 및 유통 과정에서의 태 생적인 한계가 있었다.

이를 극복해야만 한다는 생각이 들었다. 시장성을 높 이기 위해서는 이 한계를 뛰어넘어야 할 것 같았다. 계 대표는 연구진들에게 "보통의 아이스크림들처럼 일반 유통이 가능한 구슬아이스크림을 개발해봅시다"라고 제안했다.

처음에는 다들 얼굴이 굳어 있었다. 불가능한 일로 여겨졌기 때문이다. 상상조차 해본 적 없었다. 구슬아이 스크림은 당연히 그래야 하는 것이라고 치부했다. 그런 데 계 대표가 급작스럽게 이런 제안을 한 것이다. 다들 생각에 잠겼다.

"왜 처음부터 '안 된다'고 선을 그어놓는 거죠? 세상 에 불가능한 일이 있을까요. 우리는 해보지도 않았잖아요. 시도조차 하지 않고 지레 주저앉으면 좀 억울하지 않겠어요? 일단 시작이라도 해 봅시다."

연구진들은 바쁘게 움직였다. 동학식품은 중소기업이지만 사내에 부설 연구소를 두고 있었다. 동학식품 전에 미국 미니멜츠 본사에서 일반 유통이 가능한 구슬아이스크림을 생산한 적 있었다. 하지만 맛이 별로였다. 품질도 떨어졌다. 그래서 결국 흐지부지됐었다.

계 대표와 연구소장은 미국 코네티컷에 있는 미국 미니멜츠 연구소를 찾아갔다. 직접 맛을 보고 이야기를 들은 뒤 다시 한국으로 돌아왔다. 미국의 실패 사례를 반면교사 삼아 우리만의 독자적인 기술을 개발하기로 했다. 그렇게 새로운 도전을 시작했다.

슬로우멜츠라는 새로운 구슬아이스크림이 나오게 됐다. 배합과 성분을 기존 구슬아이스크림의 제조와 전혀 다르게 했다. 영하 18도의 일반 냉동고에서도 보관·판매가 가능해졌다. 이뿐만이 아니었다. 칼로리를 낮춰서 건강과 다이어트에 관심 있는 사람들에게 다가갈 수 있게 됐다.

동학식품이 독자적으로 개발한 슬로우멜츠 구슬아이스크림은 '구슬아이스크림 조성물에 대한 새로운 발명'으로 인정받아 특허를 출원할 수 있었다.

계 대표는 여기서 그치지 않았다. 슬로우멜츠에 대한 기술력을 바탕으로 '미니멜츠빅'이라는 새로운 제품을 만들어 냈다. 속의 내용물은 영하 40도의 구슬아이스크림이지만 겉은 영하 20도에서 견뎌낼 수 있도록 코팅을 했다. 크기도 키웠다. 거봉 포도알 정도로 큼직하게 만들었다.

남들이 보기에는 '에이, 그냥 크기만 좀 더 키운 것 아니야?'라고 생각할 수도 있을 것이다. 하지만 공학을 아는 사람들에게 이런 이야기를 하면 다들 획기적이라고 입을 모은다고 계 대표는 말한다.

한 입 깨물면 이중 구조로 돼 있는 구슬아이스크림 특유의 식감이 입 안 가득 퍼진다. 오도독 소리와 함께 청량함이 퍼져나간다. 겉과 안의 온도 차이를 활용한 기술력이 담겨 있다. 미니멜츠빅 역시 기술력으로 특허 출원을 했다. 전 세계에 특허를 출원시켜 놓았다.

미니멜츠빅의 출시는 아이스크림 빙과류의 신상품 출시가 드문 업계에서 신선한 충격이었다. 롯데제과와 빙그레 등 주요 빙과류 대기업에서 동학식품에 먼저 연락을 했고, 회사를 찾아왔다. "같이 협력해서 제품을 만들어보자"는 제안도 받기 시작했다. 군부대에도 납품하게 됐다.

유통 판로가 급격하게 넓어지는 순간이었다. 우리가 만든 제품에 대한 시장성과 기술력을 인정받았다는 생각에 너무나도 기뻤다.

회사의 수익을 기술력에 과감하게 투자해서 동학식품만의 차별화된 경쟁력을 확보한 것이 이렇게 든든한 무기가 될 줄은 몰랐다. 사실 쉽지 않은 결정이었다.

오늘도 많은 여성CEO들이 안정적인 경영을 하고 있다. '여자 사장님이 운영하는 회사는 잘 안 망한다'는 말도 있다. 그만큼 안정적이고, 조심스럽게 경영을 한다는 뜻이다.

하지만 바꿔 생각해보면, 안정적인 경영을 하는 만큼 회사의 발전은 더디다. 망하지는 않지만, 크지도 않는다. 업력이 몇 십 년 되는 여성CEO가 이끄는 회사가 여전히 중소기업에 머물러 있는 경우가 많다. 몇 년째 회사의 성장은 제자리를 맴돌고 있다. 과감한 결정을 앞두고 현실을 회피하려고 하는 여성기업인들도 많다.

'이대로가 좋은데…', '뭐 하러 일을 크게 벌리나, 안정적으로 가자', '기술에 투자했다가 만약 실패하면 어떡하지?' 하는 등 걱정이 앞선다. 고민으로 밤을 지새우다 '에이, 이대로 안전하게 가자'라고 결정하게 된다.

회사가 커야만 직원들에게 줄 수 있는 월급도 많아진다. 좋은 인재가 모여들고, 훌륭한 사람들이 모여 회사를 더욱 성장시킨다. 선순환 고리가 자연스럽게 만들어지는 것이다. 어느 정도 규모의 경제를 이뤄놓으면 그 이후부터는 자연스럽게 물 흐르듯 흘러가게 된다.

그러기 위해서는 회사의 미래를 위한 투자에 후해야한다. 돈이 벌리기 시작하는 초창기의 매너리즘, 자만심 등을 경계해야 한다. 물론 사장인 내가 회사를 잘 이끌어서 생겨난 수익이 맞다. 하지만 이런 생각에 사로잡혀 있으면 발전은 더딜 수밖에 없다. 지금 들어오는 이 돈은 내 것이 아니다. 회사 것이다.

다시 동학식품의 이야기로 돌아가 보자. 기쁨에 젖어 있던 것도 잠시, 시장성 높은 제품들을 잇달아 출시하자 미니멜츠 구슬아이스크림을 찾는 이들이 많아졌다. 제품 주문이 급격하게 늘자 기존의 경기도 안성 공장에서는 주문량을 맞출 수 없었다. 안성 공장의 생산여력이 따라오질 못했다.

계 대표는 또 고민을 시작했다. 고민은 시간이 지날수록 점점 생산적으로 변했다. 회사의 앞날을 생각하는, 어찌 보면 즐거운 고민이었다. 고민의 끝은 또 투자였다. 충북 음성에 제2공장을 짓기로 했다.

새로 지은 음성공장에서는 미니멜츠빅과 신제품 등을 생산하고 있다. 새 공장을 확보하면서 회사는 한 단계 더 클 수 있었다. 제2공장이 위치한 음성 산업단지는 동학식품을 비롯해 많은 식품 제조업체들이 모여 일종의 클러스터를 형성하고 있다.

동학식품의 미니멜츠는 이제 전 세계 30여 개국에서 판매한다. 수출기업으로도 자리 잡았다. 2011년 계 대표는 미국 본사와 협의해 아시아 지역의 미니멜츠 판권을 획득했다. 다른 브랜드의 판권 계약과는 좀 다르다.

본사보다 더 뛰어난 자체 기술력을 바탕으로 새로운 제품을 꾸준히 연구하고 개발해 내놓는다. 이 같은 역할과 공로를 인정받았다. 그래서 미니멜츠라는 브랜드 사용료를 일정액만 미국 본사에 지급한다.

역으로 동학식품에서 만든 미니멜츠를 수출하는 동남아 국가에서는 로열티를 받고 있다. 캐나다와 유럽, 호주 등에서는 동학식품이 판권을 갖고 있진 않지만 슬로우멜츠를 만들 수 있는 원료 조성물을 소포장해 수출한다. 미니멜츠빅은 아시아 외에도 유럽과 캐나다 등 다른 지역으로 수출하고, 본고장인 미국과도 역수출 논의를 하고 있다. 이런 수출 활동을 인정받아 중소벤처기업부에서 '수출유망중소기업'으로 선정됐다.

남자들의 세계에서 성공하는 여성들에겐 공통분모가 있다. 남성들과 비슷한 능력을 발휘하면서도 섬세하고 부드러운 성격으로 조직을 편안하게 만들고 밝게 변화시킨다. 여성들의 단점으로 지적받는 부분도 있다. 현실에 안주하거나, 새로운 것에 도전하려는 과감함이 부족하다.

　계 대표는 기업가로 활동하면서 이런 부분에 대해 많은 고민을 했다. 결론은 '부드러운 카리스마'였다. 회사가 커지고 조직이 확대되면서 예전처럼 세심한 배려를 하기는 어렵지만, 그래도 꾸준한 노력으로 직원들이 열정적으로 내 일처럼 일할 수 있는 환경을 만들어 주려고 한다. 사람들에게 많은 권한을 주고, 그 권한 내에서 하는 일은 전적으로 믿고 맡긴다. 의사결정은 최대한 빨리 내려준다. 내가 최종 결정을 내렸기 때문에 혹시 잘못되더라도 책임을 전가하거나 누군가를 탓하지 않는다. 새로운 해결책을 찾으면 되기 때문이다.

　계 대표가 취임한 이후 동학식품은 1년에 한 번씩 체육대회를 연다. 잔디구장을 빌리고, TV에서나 보던 '밥차'가 온다. 재미있는 게임들과 프로그램으로 하루를 즐긴다. 뒤풀이도 한다. 식당 전체를 빌려 밴드를 초청해 한데 어울려 즐겁게 논다. 공장에서 일하는 아주머니들과도 소맥을 마신다.

삼남매를 키우던 평범한 주부에서, 수출 유망기업의 대표로 변신한 계 대표. 만약 그가 남편의 죽음 앞에서 슬픔에 잠겨만 있고 새로운 도전에 나서는 것을 주저했더라면 오늘날의 동학식품도 없을 것이다. 결과가 어떻게 될지 두려워하지 말자. 일단 뛰어들어보자. 경영자에 맞는 자질과 능력을 갖추기 위해 최선을 다하다 보면 좋은 결과가 눈앞에 있을 것이다.

여섯 번째 **E**

Endurance

근성과 끈기

SEVEN CHANGES

정미정

7

"인정할 건 인정합시다. 여성은 감성적이에요.
생각도 자기 위주로 하고요.
그런데, 이게 장점일 수 있습니다."

———

정미정 이든네이처 대표

●
○
●

정미정 이든네이처 대표의 이야기

5남매 중 딱 가운데에서 태어났다. 전라도 사투리가 세상의 기준인 줄 알고 살았다. 어린 시절 여수 KBS에서 주관한 '노래자랑'에 나가서 1등을 했는데, 1등을 한 기쁨보다도 표준어를 쓰는 아나운서의 모습이 더 놀라웠다.

'와따, 저렇게 아름답게 말헐 수도 있구먼. 아나운서가 돼야겠어.' 이화여대 국문과를 졸업한 뒤 아나운서 시험 전형을 보면서도 가장 신경 썼던 건 '표준어 발음'이었다. 지성이면 감천이라고, 결국 KBS 아나운서에 합격했다.

꿈을 이룬 만큼, 즐겁게 일했다. 큰 애를 가진 뒤에도 혹시나 내 커리어에 영향을 주진 않을까 하는 노파심에 임신 소식을 숨겼다. 입덧을 하다가 생방송 때 NG를 내기도 했다. 임신 8개월까지 아침뉴스를 진행했다. 만삭의 몸으로도 얼마든지 억척스럽게 일을 잘할 수 있다는 걸 보여주고 싶었다.

잠든 아이를 업고 밤늦게까지 방송 대본을 외우고, 아이들과 남편 뒤치다꺼리를 하다 보니 나도 모르게 머리에 헤어롤을 만 채 회사에 왔으며, 전쟁 같은 출근길에 짝 안 맞는 양말을 신고 나오는 일도 부지기수였다. 그렇게 커리어를 쌓아갔다.

잘나가던 방송사를 갑자기 때려 쳤다. 다들 수군거렸다. '더 넓은 세상에 도전하고 싶다'는 욕심이 들어서였다. 'KBS'라는 안정적이고 아늑한 울타리를 벗어나 내 능력을 마음껏 발휘해 보고 싶었다.

우연찮게 이롬황성주생식의 마케팅 총괄대표로 스카우트돼 3년간 일했다. 어느 정도 공부가 됐다는 생각이

들었다. 슬슬 '내 사업'에 대한 자신감이 생겼다. 2008년 건강기능식품업체 이든네이처를 창업했다. '발효'와 '효소'를 키워드로 세상에 없던 건강기능식품을 내놓아 세간의 주목을 받기 시작했다.

이든네이처의 뜻은 '에덴의 자연'. 정미정 이든네이처 대표는 창업 초기부터 남들과는 무조건 달라야 한다는 생각을 했다. 건강기능식품 시장에 뒤늦게 뛰어든 후발주자인 만큼 평범한 건강기능식품보다는 독특하고 눈길이 가는 상품으로 구상했다.

경희대와 손잡고 바이오 연구개발(R&D)을 위한 발효생명과학연구소를 세웠다. 이곳에서 현미껍질 등 통곡물을 재료로 한 다양한 발효제품을 개발했다. 그동안 김치나 장류 정도에 머물렀던 발효식품 범위를 넓혀 건강기능식품으로 만들었다. 한국인의 체질에 맞도록 발효해 소화가 잘되고 속이 편한 게 가장 큰 장점이다.

운도 좋았다. 이든네이처의 제품은 당시 유행했던 '웰빙', '건강한 식습관' 문화와 맞아떨어졌다. 사실 정대표는 사업을 위해 치밀하게 준비해 왔다. 아나운서로 일하면서 대중의 트렌드를 읽는 훈련을 오랫동안 받은 것이 도움이 됐다. 또 본격적으로 창업을 하기 전, 다른 회사에서 일했던 것도 많은 도움이 됐다. 발효식품을 규격화해 제품으로 내놓은 것은 드문 일이었다.

마케팅도 독특한 방식으로 시도했다. 대리점을 소규모 체험 공간 콘셉트로 꾸민 '힐링카페'로 만들었다. 동네 사랑방 같은 느낌이었다. 정 대표의 이런 발상은 주부들에게 잘 맞아떨어졌다. 부담 없이 놀러와 '발효생식환', '온기밸런스' 등 이든네이처의 주요 제품을 맛볼 수 있도록 했다.

설립한 지 10년이 채 안 됐지만 이제는 다른 업체들이 마케팅 방식을 따라 할 정도로 잘 자리 잡았다. 제품은 20여 개로 늘었다. 대리점은 100여 개, 방문판매 직원은 1,000여 명에 달한다. 지난해 150억 원의 매출을 올렸다.

이든네이처의 발효식품은 해외에서도 관심을 받고 있다. 발효와 효소 성분이 쌀밥을 주식으로 하는 아시아인에게 잘 맞기 때문이다. 조만간 중국과 인도네시아 등에도 제품을 수출할 예정이다.

이제는 건강기능식품뿐 아니라 바이오 연구개발(R&D)까지 사업 범위를 넓혀가고 있다. 발효공법을 통한 천연물 신약, 발효기술을 활용한 당뇨합병증 치료연구 등 다양한 분야를 개척하고 있다.

정 대표는 '재미'있게 살려고 노력한다. 4월 11일이 창립기념일인데, 이날 전국의 주요 파트너들을 불러서 '한마음축제'를 연다. 한마음축제의 하이라이트는 '동안미인 선발대회'다. 국내 기업 최초로 2009년부터 시작한 행사로 나이보다 훨씬 젊어 보이는 여성이 선발 기준이다. 60대로 보이는 80대 여성이 뽑히기도 했다. 다들 깔깔거리고 즐거워하며 행사에 참여한다.

대리점주나 파트너들을 집으로 초대해 직접 요리를 대접하기도 한다. 이름을 '코칭하우스'라고 지었다. 같이 저녁식사를 하면서 이런 저런 이야기를 나누는 자리다. 사회생활 선배로서 조언을 해 주기도 한다. 워런버핏의 식사 티켓에서 아이디어를 얻었다.

10년 쯤 뒤엔 요트를 한 대 사고 싶다. 바다에 배를 띄워놓고 지는 석양을 바라보며 지나온 인생을 돌이키며 와인을 한잔하면 너무나 행복할 것 같다. 60세가 되면 미국 라스베이거스에 한 번 가야겠다. 드레스 코드는 청바지에 카우보이 모자다.

몇 년 뒤에 얼마를 벌고, 무슨 부동산을 사고… 이런 목표도 좋지만 사실 내 스타일은 아닌 것 같다. 내 꿈을 숫자로 그린다니, 조금 자존심 상하기도 하고. 건강하고 즐거운 인생을 위한 큰 그림을 그려보고 싶다. 그러기 위해서는 오늘을 소중하게 여겨야 한다.

여섯 번째 E. Endurance

●
○
●

버티는 삶에 관하여

"남들은 절 보고 '운 좋다', '하는 일 마다 잘 된다'면서 부러워하죠. 그런 말을 들을 때마다 저는 '아유, 속도 모르는 말씀'이라며 손사래를 칩니다."

정미정 이든네이처 대표가 아나운서를 돌연 그만뒀을 때 모두가 궁금해 했다. 그가 새로운 일터로 선택한 곳은 한 건강기능식품회사. 이곳에서 마케팅 총괄 업무를 담당했다. 그런 뒤 갑자기 '내 사업'을 하겠다고 나섰다. 건강기능식품업체 이든네이처를 창업한 것.

얼핏 보기에는 탄탄대로를 걸어온 멋진 인생이다. 순

리대로 잘 풀렸고, 이제는 잘나가는 중소기업 여성CEO로 변신했다. 관련업계에서도 정 대표는 인정받고 있다. 차별화된 제품력과 마케팅, 시장을 읽는 능력 등에 대한 찬사를 받는다.

하지만 정미정 대표는 '사실 알고 보면 힘든 시간'이었다며 과거를 되짚는다. 결과만 놓고 보면 멋진 성공이지만, 그 자리에 이르기까지의 과정은 험난한 가시밭길이었다고 했다. 너무 힘들고 고달파서 '내일 출근하면 꼭 때려쳐야겠다'고 다짐한 일이 부지기수다. 물론 다음 날 출근하고 나서는 너무 바빠서 어제의 그 결심을 이내 잊긴 했지만 말이다.

처음 하는 사업이었다. 게다가 사람들의 먹거리, 그것도 바른 먹거리를 제조하겠다고 나섰다. 이 업계는 이미 레드오션이었고 대기업들까지 뛰어들어 경쟁은 너무나 치열했다. 이미 잘하고 있는 회사들이 많았다.

유통 과정도 어려웠다. 정 대표는 방문판매 방식을 선택했는데, 초기에 전국을 아우르는 인력 조직을 갖추기까지 시간이 너무 오래 걸렸다. 그만큼 돈도 많이 들어갔다. 밑 빠진 독에 물을 붓는 심정이었다.

정 대표는 어떻게 견뎠을까? 그는 "뚝심과 깡으로 버텼다"고 했다. 그렇다고 해서 무식하고 미련하게 '하면 된다' 식으로 밀어붙였던 것은 절대 아니라고 했다.

"'하면 된다'는 말 있잖아요. 전 그 말이 뭐랄까, 요즘 시대에 안 맞고 좀 미련한 것 같아요. 해도 안 되는 일들이 얼마나 많은데요. 특히 내 돈 걸고 하는 사업에서는요. 그렇게 교조적인 말만 믿고 무작정 뛰어들었다가 돈다 날리고 사업 접는 사람들이 참 많습니다."

정 대표는 창업을 위해 총 6년을 준비했다. 짧지 않은 시간이었다. 미래를 위한 투자라고 생각하고 버텼다. 내 사업을 펼칠 관련 업계와 시장에 대해 공부하고, 대중들의 트렌드를 읽고, 전문 지식에 대해 연구하는 시간이었다. 그러다 보니 6년이라는 시간이 금방 지나갔다.

그렇기 때문에 처음 뛰어든 사업을 성공시킬 수 있었다. 하다못해 동네에서 칼국수 장사를 시작한다 해도, 최소 몇 개월 이상 준비를 해야 한다. 다른 가게에 주방 보조로 취직해서 칼국수 만드는 법을 하나부터 열까지 배워야 하고, 가게를 꾸려가는 법, 사람을 고용해서 다루는 노하우 등 여러 방면에 대해 전문가가 돼야 한다.

동네 가게조차도 이렇게 많은 투자와 시간을 필요로 하는데, 하물며 사업은 어떨까. 과거 월급쟁이였을 때는 안락한 울타리 안에서 살았다. 때가 되면 월급이 나오고, 회사의 미래에 대해서 고민하는 것은 내 몫이 아니었다. 나는 내가 맡은 일만 제대로 하면 됐다. 부품처럼 살았다.

이제는 한 차원 넓은 세상에서 나 혼자 싸워야 한다. 그렇기 때문에 '방법'이 중요하다. 어떻게 할 건지, 어떻게 대처하고 저들과 싸워서 이길 건지에 대해 고민하고 또 고민해야 한다. 꼼꼼한 준비가 매우 중요하다.

그런 점에서 여성이라는 정체성이 무기가 될 수 있다. 여성들은 남자보다 대개 꼼꼼하고 치밀하다. 멀티태스킹에도 능하다. 과거 우리네 엄마의 모습을 떠올려 보자. 엄마는 티비를 보면서 빨래를 개고, 곁눈으로 방에서 공부하는 우리 형제를 감시면서도, 밖에서 무슨 소리가 들려오는 것까지 민감하게 반응했다. 기본적으로 한 번에 여러 가지 일을 할 수 있는 능력이 있다.

그뿐 아니다. 더 차분하다. 목표를 세워놓으면 진중하게 한 자리에 앉아서 학습에 열중한다. 집중력도 강하다. 요즘 학교에선 상위권 학생들이 대부분 여학생들이다. 학교뿐 아니라, 기업에서도 성적대로 뽑으면 죄다 여성들일 정도다. 공부하는 머리가 있고, 습득하는 속도가 빠르다.

새로운 것에 대한 거부감은 남성보다 오히려 덜하다. 남자들이야말로 변화를 두려워한다. 하지만 여성들은 새로운 환경과 모임 등에 금세 적응한다. 상대방으로부터 쉽게 나와의 공통분모를 찾고, 빠른 시간 안에 연대한다. 수평적인 관계를 형성하는 게 능하다. '자매애'를 만들어 낸다. 그래서 상대방을 존중하는 태도도 갖췄다. 남자들처럼 서열을 따지지 않고 공생하는 길을 스스로 찾는다. 연대할 수 있는 본능이 있다.

게다가 여성은 출산할 수 있다. 10달 동안 뱃속에 아이를 품고 있다가, 극한의 고통을 견디며 출산한다. 이 과정을 여러 차례 반복하는 여성들도 있다. 여성은 오랜 기간 잘 참고 견디는 속성을 가졌다는 얘기다.

그렇기 때문에 인내심과 끈기, 뚝심이 필요한 창업 초창기를 견뎌내기엔 오히려 남성보다 여성이 적합할 수 있다. 안갯속을 걷는 것 같은 미래에 대한 불확실성과 불안감을 지워버릴 수 있는 지구력을 우리 여성들은 갖췄기 때문이다.

하루, 그리고 이틀, 이렇게 버티다 보면 회사는 차츰 자리 잡기 시작한다. 벌판에 홀로 서 있는 것 같은 외로움은 어느 순간 서서히 사라진다. 사업이 탄탄해지고 실속을 갖춰가기까지 참고 기다릴 수 있는 능력이 사실 중요한 이유다.

버티자, 우리가 가장 잘 할 수 있는 일이 아니던가. 단순히 기다리기만 하는 의미 없는 시간은 아니다. 기초 체력을 다지면서 도약을 위한 준비를 하는 중요한 과정이다. 장기전이 될 내 사업의 방향을 찾는 시간이다.

또 회사에 대한 확신과 직원들을 이끌어가는 리더십, 추진력 등을 갖추기 위해 땅을 다지는 시간들이다. 그러면서 내 자신에 대해 돌아보고, CEO로서의 나와 우리 회사에 대해 객관화를 할 수 있는 시간이다. 다시는 돌아올 수 없는 소중한 시간들이다.

●
○
●

여성들이 가장 잘할 수 있는 것

여성들의 커뮤니티는 소문이 참 빠르다. 어떤 제품이 인기를 끌고 있다는 소문, 누가 요즘 재미를 보며 돈 좀 벌고 있다는 소문, 어떤 이에게 무슨 일이 생겼다는 소문, 사업 초반에 고생하던 김 사장이 대형 유통망을 뚫어 승승장구 하고 있다는 소문 등.

단체 카톡방이 쉴 새 없이 울려댄다. 잘 나가는 동료 사장에 대한 이야기가 끊임없이 올라온다. 가만히 들여다보고 있자니, 부럽다. 저 이가 나보다 자본금도 적고, 사업 아이템도 별로였던 것 같은데. 질투가 날 지경이다. 나는 아직 이 모양인데.

누가 어떤 아이템으로 성공했다는 소문이 퍼지자마자 너도 나도 그 품목으로 우르르 몰려간다. 사람 심리가 그렇다. '저 제품과 조금만 달리하면…', '가격을 약간 내리고, 포장을 더 예쁘게 하고…', '유통은 우리가 더 잘 아니까…' 등 자신감이 붙는다. 과연 비슷한 제품으로 똑같이 성공할 수 있을까?

냉정하게 말하자면 가능성이 낮다. 아이템 좋다고 거기 매달리는 사람 치고 성공했다는 얘기 못 들어봤다. 객관화가 안 됐기 때문이다. 그만큼 소비자와 시장은 순진하지 않다.

정미정 이든네이처 대표는 "CEO가 북 치고 장구치고 하는 시대는 지났다"고 말한다. 우리가 뛰어들 시장과 내가 할 아이템 등에 대해 짜임새 있는 고민을 먼저 해야 한다는 예리한 지적이다.

아이템에 집착하는 것도 많은 여성CEO들이 보이는 실수 중 하나다. 소재는 사업의 극히 일부분에 불과하다. 이든네이처는 건강기능식품 시장에 뒤늦게 뛰어든 후발주자였다. 이미 이 시장은 대기업을 비롯해 중견기업, 중소기업들이 자신들만의 입지를 탄탄히 굳혀놓고 있었다.

이 견고한 요새를 어떻게 뚫었을까. "다른 회사들이 하는 걸 물론 유심히 봐야 해요. 하지만 고대로 따라한다면 망하는 지름길로 들어서는 거죠. 소비자들이 얼마나 영리한데요. 우리만의 차별화 전략으로, 마이 웨이를 걸어야 합니다."

이 고민은 오롯이 CEO가 해야 하는 몫이다. 정 대표는 이런 고민을 했다. "기존의 건강기능식품 시장은 '소재'가 중심이었어요. 클로렐라 등 몇 년을 주기로 유행하는 소재가 나타났고, 우르르 몰려가는 식이었죠. 하지만 저는 소재보다는 '먹는 방법'으로 차별화를 하기로 했어요. 다른 회사들은 생각지도 않았던 방법이었죠."

우리는 영양 과다 시대에 살고 있다. 주변엔 먹을 게 너무 많다. 입에서 당기는 대로 먹는다. 그러다 보니 음식 다이어트, 간헐적 단식, 식단조절 같은 식이요법이 각광받는다. 음식은 많지만, 각 식재료에 맞춰 제대로 먹는 법을 배운 적은 사실 없다.

정 대표는 이 점에 착안했다. '올바른 식이요법'을 사람들에게 전파하면, 우리 제품의 우수성도 자연스럽게 알리게 될 수 있다는 계산이었다.

"예전 우리 조상들은 콩과 장류 등 발효식을 주로 먹었습니다. 소화가 잘 되고 속도 편안했죠. 그러다 보니 위나 장 관련 질환과 성인병도 거의 없었고요. 물론 우리도 잘 압니다, 발효식이 몸에 좋다는 걸요. 하지만 솔직히 먹기 번거롭잖아요, 귀찮기도 하고요. 그래서 저희는 이 발효식을 간편한 형태로 만드는 작업에 착수했습니다."

정 대표가 한국인의 식이요법에 대해 공부한 것도 이즈음이다. 그는 식이요법에 과학을 접목시켰다. 현대인의 라이프스타일에 맞도록 변화를 주는 등 혁신적으로 접근했다.

김치도 연구대상이었다. 요즘 어린 아이들은 김치를

잘 안 먹는다. 이대로 가다가는 언젠가 김치를 모르는 세대가 등장할 것 같았다. 김치에 들은 유산균을 외면하기엔 너무 아까웠다. 김치의 유산균 등 좋은 성분을 응용한 대안식을 만들어야 한다는 일종의 사명감도 느꼈다.

'식사혁명'이라고 불렀다. 이렇게 새로운 시도는 건강기능식품업계에서 처음이었다. 다들 비웃었고 혀를 내둘렀다. 신생 중소기업이 무모하다고 했다. 뭘 모르니까 저렇게 덤빈다는 반응이었다.

그렇게 10년 정도 매달리다보니 어느새 전문가가 돼 있었다. 절실함이 그를 이끌었다. 작은 회사였지만 발효과학연구소를 만들었다. 경희대와 산학협력을 하며 좋은 제품을 내놓기 위한 연구개발을 하고 있다.

식사혁명을 이끌기 위해선 누가 봐도 혁신적인 제품을 선보여야 한다. 그러다 보니 기술에 대한 투자가 많이 필요했다. 회사가 수익을 내는 즉시 모두 투자했다. 식품에 대한 연구는 점점 범위를 넓혀가 바이오산업까지 확장했다. 이든네이처는 어느덧 내실을 갖춘 탄탄한 강소기업이 돼 있었다.

정 대표의 관심사는 하나였다. 사업을 키우는 것. 그는 자신이 여성CEO였기에 가능했던 일 같다고 했다.

일단 다른 사람들과 달리 시장을 관찰하고 나만의 차별화 포인트를 발굴해 내는 인사이트, 그리고 이 통찰력에 살을 붙이고 이를 사업 아이템으로 발전시켜 나갔던 응용력과 창의성. 하나에 꽂히면 집중력 있게 파고드는 능력, 식이습관에 대해 문제점을 갖게 된 것도 엄마와 주부라는 또 다른 역할 때문에 가능했던 일이었다.

요즘은 비혼 등 다양한 삶의 방법이 있지만 그래도 많은 여성들이 결혼과 출산의 길을 걷는다. 여성에게 아이는 운명과 같다. 여자는 아이를 품고 기른다. 낳고 기르는 과정을 통해 새로운 것을 경험하고, 다른 시각을 갖게 된다.

음식에 대해 고민하게 된 것도 엄마였기 때문이었다. 워킹맘 생활을 하면서 아이들과 내 가족에게 어떻게 하면 바쁜 일상 속에서도 좋은 먹거리를 챙겨줄 수 있을까 하는 생각이 늘 마음속을 맴돌았다. 단순히 영양제를 챙기는 것은 부족한 것 같았다.

이렇게 일상에서 스친 작은 문제의식을 사업 아이템으로 발전시키고 여기에 연구개발을 통해 세상에 없던 차별화된 제품을 내놓게 된 것이다. 엄마의 꼼꼼함과 모성애가 바탕이 됐기에 현실로 이어졌던 일이었다. 살면서 부딪치게 되는 크고 작은 불편함을 그냥 지나치지 않는 여성 특유의 꼼꼼함 덕분이었다.

이든네이처의 제품들은 그래서 뭔가 따뜻하다. 바쁜 일상 속에서 엄마가 옆에서 챙겨주는 것 같은 다정함을 준다. 먹으면 속이 든든하고, 소화도 잘 된다. 세끼 식사와 균형을 맞춰 내 몸을 건강하게 해 주는 느낌이 든다.

여성들의 관심사는 폭이 참 넓다. 작게는 내 가족부터, 시야를 넓히면 나의 사회생활. 그리고 주변의 인간관계를 비롯해 신문에서 접하는 사회 이슈, 하다못해 티비에 등장하는 연예인까지. 가족 구성원들에게 따라오는 각각의 인간관계도 엄마나 아내가 커버해야 하는 몫이다.

그러다 보니 생각도 많다. 기본적으로 상대방의 감정

을 잘 살피는 여성들은 그날 만나서 이야기했을 때의 분위기까지도 마음속에 담는다. 비언어적인 커뮤니케이션까지 신경을 쓴다. 머릿속은 생각과 고민들로 가득하다.

이 고민을 생산적인 방향으로 발전시키는 것은 이제 우리 몫이다. 여기에 '선택과 집중'을 통해 좋은 아이디어를 골라내서 사업 아이템으로 업그레이드 시키면 된다. 여성들만의 뛰어난 학습 능력과 집중력, 지구력 등이 가세한다면 시너지 효과는 금방 날 수 있을 것이다.

우리에게 주어진 재능을 썩히지 말자. 오늘도 수많은 여성CEO들이 이 재능을 활용해 부자가 되고 있다.

●
○
●

경쟁과 공존, 한 끗 차이

"다른 사람들이 저희를 보고 '쟤들 곧 망한다'고 했어요. 초기에 어찌나 악담을 많이 들었던지, 아마 저희는 욕을 많이 먹어서 장수할 것 같습니다."

정미정 이든네이처 대표는 건강기능식품을 선보이면서 유통 방법에 대해 많은 고민을 했다. 정 대표가 선택한 방법은 소비자마케팅이었다. 파트너들을 모집하고, 이 파트너들이 소비자들에게 직접 다가가는 방식이다.

이제 전국 지사는 100여 곳. 방문판매를 담당하는 직원들은 1,000여 명, 이들의 가족까지 모두 따지면 이든네이처로 인해 생계를 꾸려가는 사람들은 최소 3,000명에서 최대 4,000명에 달한다.

요즘 소비자들은 참 똑똑하다. 예전엔 '이 제품 좋아요'라고 광고를 하거나 반복적으로 홍보하면 사람들이 알아서 제품을 샀다. 하지만 이제는 소비자들의 구매를 결정하는 방식이 달라졌다. 다른 사람의 평판을 중요시 여기고, 자신의 체험을 믿는 시대다.

정 대표는 "후발 주자로서 직접적인 유통방법인 소비자마케팅을 선택한 것이 잘 먹힌 것 같다"고 분석한다. 일단 타깃 대상을 정할 때 굉장히 세분화시켰다. 두루뭉술하게 많은 사람들에게 제품을 팔겠다는 게 아니라, 일부의 소비자들 즉, 주부로 한정했다.

공략해야 하는 상대가 정해지고 나니 이후엔 일사천리였다. 타깃 대상들과 적극적으로 소통하고 관계를 맺으려면 소비자마케팅이 괜찮을 것 같았다. 그래서 제품을 판매하는 대리점을 소규모 체험공간 콘셉트로 꾸몄다.

'힐링카페'는 동네 사랑방이 됐다. 전국 힐링카페는

비슷한 분위기로 구성했다. 주부들은 오며가며 힐링카페에 들러 이든네이처의 차를 마시고, '발효생식환', '온기밸런스' 등 주요 제품을 체험해 본다. 부담 없이 문을 열고 들어갈 수 있는 공간이 됐다. 제품을 판매하는 것도 수월해졌다.

이든네이처에게 이들 판매 파트너는 매우 중요한 존재다. 단순한 판매원이 아니라 함께 가는 동반자 개념이다. 이들이 제품을 잘 팔아야 회사도 살 수 있다. 그래서 파트너들과의 관계는 동등하다. 상생 관계다.

사업 초기 돈에 쪼들리던 시절, 정 대표는 이들 파트너들과 함께 일본 후쿠오카에 연수를 갔다. 없는 살림에 내린 쉽지 않은 결정이었다. 남들은 '쓸데없는 짓 한다'고 비웃었지만, 파트너를 동반자들이라고 생각하는 이상 당연한 일이었다.

정 대표는 그래서 파트너들에게 유독 공을 들인다. 단순히 좋은 대우를 해주는 것을 넘어서, 가족처럼 대한다. 진심은 언젠가 전해진다는 신념에서다.

이든네이처의 창립기념일에 1박 2일간 여는 '한마음

축제'는 이제 업계에서도 유명한 행사가 됐다. 하나가 되는 축제라는 뜻으로, 경쟁을 유도하는 판매사원들의 시상이 아니다. 회사의 가치와 문화를 함께 즐기고, 한편으로는 아름다운 삶을 위해 얼마나 노력하는지를 뽐내는 자리다.

한마음축제의 하이라이트는 '동안미인선발대회'다. 2009년부터 시작한 이 행사는 회사의 정체성을 나타내는 이벤트가 됐다. 식습관을 바꾸고, 건강에 좋은 발효식을 꾸준히 섭취하면 노화를 늦추게 돼 신체 나이가 젊어져 동안이 된다는 논리를 만들었다. 제 나이보다 가장 젊어 보이는 여성이 1위의 영예를 안게 된다. 대부분의 참가자들은 10년 이상 어려 보이는 사람들이다.

정 대표는 이 대회의 아이디어를 일본에서 얻었다. 일본은 노화를 늦추는 산업이 우리보다 앞서 활황을 누리고 있었다. 보톡스와 임플란트 등 굳이 시술을 하지 않고도 먹거리만으로 노화를 막을 수 있다는 생각이 스쳤다. 사업 아이템과의 공통분모를 찾은 셈이다.

감성적인 접근법은 판매원들의 큰 반향을 불러일으

컸다. 대부분이 여성인 파트너들은 본사의 이런 마케팅 방법 및 조직 관리에 열광적인 반응을 보였다. '우리들을 동등한 관계로 보고 신경을 많이 쓰는구나' 하는 생각이 들자 애사심과 충성심이 높아졌다는 후문이다.

사람 관리는 기업 경영의 핵심 요소 중 하나다. 특히 이든네이처 같이 대규모 인적 조직을 갖추고, 이들이 핵심 유통망의 역할을 하는 경우엔 더더욱 그렇다. 이들과 손발이 잘 맞아야 기업은 오래갈 수 있다.

기업의 궁극적인 목적은 뭘까. 많은 사람들과 함께 가는 길을 만드는 것이 아닐까 싶다. 우리 직원들을 비롯해 직원들의 가족, 협력사의 직원들과 그 가족, 거래처 등등. 따지고 보면 '내가 먹여 살리는 사람들'은 꽤 많다. 내 회사가 우리 사회에 미치는 파급 효과는 생각보다 크다고 많은 여성CEO들은 입을 모은다.

그렇기 때문에 연관된 인물들과 공존하는 나만의 노하우를 터득해야 한다. 많은 여성CEO들이 쉽게 저지르는 잘못 중 하나가 안정 추구다. 확실하게 준비되고, 실패 확률이 높다는 판단이 들면 그제야 움직이는 것이다.

하지만 사람들의 공감을 불러일으키고 동업자 마인드가 들게 하려면 불확실성 속에서도 안정감을 줘야 한다. 초창기 기업, 규모가 작은 기업일수록 더욱 그렇다. 불안하지 않게 다독이는 것, 그게 바로 기업가의 역할이자 의무다.

기업가는 불확실성을 확실성으로 바꾸는 사람이다. 대표가 불확실성과 전투적으로 싸우는 모습을 보이면 사람들은 신뢰를 절로 갖게 된다. '아, 이런 사람이라면 우리가 한번 믿고 같이 가도 되겠구나' 하는 안도감 말이다. 그렇게 같은 배를 탄 사이가 된다.

믿을 만한 리더라는 평판은 하루아침에 생기는 게 아니다. 특히 여성CEO라고 하면 아직도 색안경부터 끼고 보는 사람들이 많은 게 현실이다. 여성CEO를 목전에 두고도 여전히 "사장님은 어디 계시냐?"라는 소리가 나온다.

여성들은 그래서 조금 다르게 노력해야 한다고 여성 CEO들은 입을 모은다. 특히 여성 직원들이 많은 업종이나 회사에선 신경을 써야 할 부분이 더 많다. 같은 여성으로서 공감대를 형성하고, 또 나보다 나은 사람이니 존중하고 존경해야 한다는 생각을 끌어내야 한다. 경쟁을 넘어선 공존이다. 한 끗 차이지만, 매우 중요하다.

시장을 제대로 꿰뚫는 통찰력과 사람에 대한 과감한 투자, 동지의식 등이 합쳐진다면 리더십은 자연스럽게 생길 것이다. 여성CEO만이 가질 수 있는 공존의 리더십이다.

Sensitive

촉수를 세워라

SEVEN CHANGES

이기화

7

"여성이 대표로 있는 여성기업이 많아졌지만
전체 여성기업의 95%가 영세기업 아니면 소상공인이에요.
동네 반찬가게도 여성기업으로 분류되는데,
언제까지 이렇게 살 겁니까."

이기화 다산회계법인 대표

●
○
●

이기화 다산회계법인 대표의 이야기

둥글둥글하고 사람 좋아 보이는 외모와 달리 날카롭고 예리하다. 조곤조곤한 말투 뒤엔 현상을 꿰뚫어보는 날카로운 통찰력과 문제의식이 숨어 있다. 이야기를 나누다 보면 해박한 지식에 곧 놀라게 된다.

대표적인 '남탕'으로 꼽히는 회계업계에서 잔뼈 굵은 맏언니다. 요즘은 여성 회계사가 많아졌다. 올해 회계사 시험의 여성 합격률은 29%다. 하지만 예전에는 여성 회계사가 매우 드물었다. 연차가 올라갈수록 영업 능력이 중요한 덕목으로 평가받고, 출산 · 육아를 감당해야 하는 여성의 특성상 시니어 회계사 단계까지 진급하기 쉽지 않다.

이런 척박한 환경과 유리천장에 개의치 않고 한 분야에서 오랫동안 전문성을 쌓으며 일인자의 자리에 오른 여성의 이야기는 그래서 더욱 숭고하다. 그가 겪은 산전수전과 희노애락은 후배 여성들에게 많은 도움과 참고가 된다.

다산회계법인을 이끌고 있는 이기화 대표. 그는 광장회계법인과 선일회계법인이 2005년 합병해 새롭게 설립한 다산회계법인 대표다.

계명대 회계학과를 졸업하고 서울대 경영학 석사, 서울시립대 세무학 박사학위를 취득했다. 삼일회계법인, 삼화회계법인 등을 거쳤으며 30여 년간 회계사라는 한 우물만 팠다. 한국공인회계사회 이사 및 감사와 한국여성공인회계사회 회장, 공적자금관리위원회 위원 등을 지내며 목소리를 내기 위한 다양한 사회 활동에도 적극적이고 열심이다.

다산회계법인은 국내 회계업계 17위다. 외국계 대형

법인이 우세한 국내 회계시장에서 토종업체로서 '원스톱 서비스'를 고집하며 차별화를 꾀하고 있다.

이 대표는 경쟁 치열한 회계법인들 사이에서 다산회계법인을 강소기업으로 만들었다. 오랜 노하우가 있는 경력자들로 구성된 팀을 꾸리기 때문에 숙련되고 안정적인 서비스가 특징이다. 담당자가 처음부터 끝까지 책임져 '규모는 작지만 믿을 만하다'는 평가를 받는다.

'활자 중독'이라는 이야기를 들을 만큼 텍스트를 읽는 것을 참 좋아한다. 활자를 눈으로 따라가다 보면 콘텐츠에 금세 빠져드는 집중력을 지녔다. 다독할 뿐 아니라 속독에도 능하다.

신문을 손에서 놓지 않는다. 신문기사엔 세상의 해법이 들어 있다는 게 이 대표의 지론이다. 스마트폰을 한 손에 쥐고 모바일 포털 화면에서 흥미를 끄는 주요 기사만 골라 읽는 요즘 젊은 세대와 달리 이 대표는 종이 신문을 펴 놓고 1면부터 가장 끝 면까지 빠른 속도로 훑는다.

중국 역사에 관심이 많다.《삼국지》로 중국 역사에 입

문해 흥미가 생겨 닥치는 대로 관련 서적을 찾아보고 있다. 업무용 컴퓨터 바탕화면에 중국 역대 왕들의 계보를 정리해서 깔아놓았을 정도다.

시작은 한국사였다. 세종대왕의 리더십에 매료돼 버렸다. 세종의 포용력이 우리 여성기업들 이끄는 여성 CEO와 비슷한 점이 많다는 생각이 들었다. 현재의 기업 경영에도 응용할 수 있는 여지가 많을 것 같았다. 그래서 시작한 공부다. 한 번 꽂히면 주변을 신경 쓰지 않고 미친 듯한 열정으로 파고든다.

회계사로 30여 년간 일하면서 여러 경영자들을 접해 봤다. 가업을 물려받은 사람, 창업한 사람, 성공한 사람, 실패한 사람, 학력이 높은 사람, 낮은 사람 등. 회사 규모도 대기업부터 1인 기업까지 다양했고, 그들의 사업 능력도 천차만별이었다.

그녀는 경영자를 '종합 예술인'이라고 생각한다. 기업이야말로 예술의 결정체인 것 같다. 유기적인 여러 요소들이 뒤엉켜서 균형을 잘 잡아야만 굴러갈 수 있는 살아있는 생물이다. 그래서 기업인들을 존경하고 존중한다. 사람들을 많이 만나는 만큼, 상대방에게서 나보다 나은 점은 하나라도 배우려고 노력한다.

이기화 대표는 2016년부터 한국여성경제인협회 서울지회장을 맡고 있다. 1977년 출범한 여성경제인협회(여경협)는 국내 최대 여성 최고경영자(CEO) 조직이다. 장영신 애경그룹 회장이 회장을 맡은 1999년 법정단체가 됐다. 회원사는 1,800여 개로 70%가 제조업체다.

330여 개 회원사로 이뤄진 서울지회는 여경협 지회 중 최대 규모다. 이 대표는 협회에 1992년 가입해 오랫동안 활동해 왔다. 긴 시간 발을 담근 만큼 국내 여성기업들에 대한 애정이 큰 편이다.

여성CEO들이 지금보다 더 많아졌으면 좋겠다. 또 '스타 여성기업인'이 많이 등장했으면 좋겠다. 돈을 많이 벌어서 부자가 된 여성 대표들도 많아졌으면 한다. 주식시장에 상장하는 여성기업도 많아졌으면 한다. 그래야 후배 여성들이 보고 핑크빛 꿈을 꿀 수 있기 때문이다.

그래서 이 대표는 항상 여성CEO에 대한 고민을 한다. 하도 생각에 몰두하다 보니 꿈에서도 종종 나올 지경이다. 여성 대표들이 우리 사회의 버팀목이 되고, 여성기업이 덩치를 키워 중견기업과 대기업으로 클 수 있는 세상을 만들기 위해.

학교를 졸업한 뒤 직장에 취직하는 것만이 정답은 아닐 것이다. 조직생활에 잘 맞는 스타일이 있고, 내 사업을 하면서 창의성을 발휘하는 게 잘 맞는 사람도 있다. 인생엔 정답이 없다.

●
○
●

뉴스엔 문제의 해법이 들어 있다

여자들에 대한 세간의 편견은 아마도 수백 가지쯤 될 것 같다. "여자들은 이래서 안 돼" 하면서 뒷담화하는 얘기들 말이다.

'여자들은 속이 좁아', '잘 삐쳐', '여자의 적은 여자잖아', '여자는 진득하지가 않아', '여자들은 뒷심이 약해', '여자들과 일하기 너무 힘들어', '여자는 자기 몸 가꾸는 데만 열심히야', '여자는 얼굴만 예쁘면 됐지', '솔직히 멍청한 여자들 너무 많지 않아?', '여자는 서른 넘으면 꺾이는 거지', '여자는 모름지기 조신해야지', '집에서 애나 보고 살림이나 할 것이지', '여자는 남자만 잘 만나면 되는 거 아냐?', '여자랑 뭔 일을 하겠다고…'

나열하다 보니 여자로 살아간다는 게 보통 일이 아니다. 이렇게 고달픈 세상에서 여자로 태어나 이 자리까지 온 당신, 일단 칭찬부터 좀 들어야겠다. 정말 수고 많으셨습니다. 짝짝짝.

문제는 이런 수많은 편견이 우리 사회의 일부분이 됐다는 것. 여전히 남성 위주로 돌아가는 세상에서 여성으로 태어나서 살다 보면 나도 모르게 여성에 대한 편견에 스며들게 된다. 가랑비에 낙엽이 젖듯 말이다.

어린 나이에도 남동생이나 오빠의 식사를 챙겨야 했던 유년 시절, 공부 잘하고 리더십도 있었으나 학교 선생님들의 '무슨 여자애가 기가 저렇게 세' 하던 눈초리를 받았던 학창 시절, 우수한 성적으로 입사했으나 동기 남자들에게 밀려 허드렛일과 커피 심부름을 도맡았던 사회 초년병 시절, 사내연애로 결혼했고 남편과 비슷한 봉급을 받으나 명절 때는 텔레비전 앞에 앉아 시시덕거리는 남편과는 달리 부엌에 쪼그리고 앉아 전을 부쳐야

일곱 번째 S. Sensitive

했던 결혼 초기, 아이를 낳은 뒤 직장에 복귀했으나 육아와 살림, 직장생활을 병행하기 위해 발을 동동 구르며 정신없이 살았던 워킹맘 시절.

책 집필을 위해 만났던 여성CEO들도 비슷한 길을 걸어왔다. 대부분 40대~60대의 나이인 이들 여성 대표들은 지금 젊은 여성들보다 단언컨대 더 힘든 삶을 살았던 것 같다.

밖에서 큰일을 하는 기업가이지만 아침에는 남편과 아이들의 밥을 챙겨줘야 하는 이중 역할을 매일 소화하는 CEO가 많다. 한 여성CEO는 "우리야말로 심사임당처럼 살아야 한다는 교육을 받고 여성스러워야 한다는 강박과 사회적 욕구 사이에서 항상 고민했다"고 말할 정도다.

그러다 보니 여성CEO들은 하루를 48시간으로 쪼개 쓴다. 남들보다 몇 배 바쁘고, 몇 배 더 많은 일을 한다. 스트레스도 남들의 몇 배다.

이렇게 정신없는 일상이 반복되기 때문에 이들은 보통 사람들처럼 '자기계발'을 할 시간이 없다고 털어놓는다. 아이러니한 일이다. 매일 내가 가진 역량을 200% 이상 쏟아 크고 작은 결정을 내린다.

거래처와 계약을 성사시키기 위해 발로 뛰고, 시간을 아끼기 위해 이동하는 차 안에서도 서류를 검토한다. 틈틈이 아이들에게 연락해 학원은 잘 가고 있는지, 밥은 먹었는지 챙겨야 한다. '번아웃(burn-out)' 상태가 돼 잠자리에 드는 일이 다반사다.

'사장, 아내, 엄마, 며느리, 딸. 내가 맡은 역할이 대체 몇 개인 거지.'

'이렇게 내가 가진 걸 뱉어내다 보면 언젠가는 바닥날 텐데.'

'내 관심사는 오로지 내 회사. 전문가가 됐지만 내 분야 외에는 점점 문외한이 돼 간다.'

'공허하다는 생각이 든다. 이 허전함을 충족하고 싶다.'

'내가 가는 길이 옳은 방향을 향하고 있는 건지 잘 모르겠다.'

'사업에 대한 고민과 희노애락을 함께 나눌 동지가

있었으면 좋겠다. 직원들에게 이런 속내를 털어놓을 수도 없고.'

'내 사업 말고 다른 세상은 어떻게 굴러갈까.'

'사업을 하다 보니 인맥 관리상 챙겨야 하는 모임들이 많아졌다. 그런데 인간관계 맺는 게 쉽지 않아.'

'다른 사장님들은 아는 것도 많고 똑똑한데, 나는 책 한권조차 읽을 시간이 없네.'

고민은 점점 많아진다. 사춘기 소녀같이 생각은 꼬리에 꼬리를 문다. 잠을 이루지 못하는 불면의 밤이 길어진다. 인생은 원래 고독하고 외로운 것이라지만, 경영자, 특히 여성기업인은 남들보다 몇 배나 더 외롭고 고독하다.

여성기업인뿐 아니라 '번아웃 증후군'에 대해 비슷한 고민을 하는 여성들에게 좋은 대안을 추천한다. 매일 아침 일과를 시작하기 전, 신문을 읽는 것이다. 100% 정답은 아닐 수 있겠지만, 그래도 많은 사람들이 효과를 본 좋은 방법 중 하나다.

요즘 사람들은 하루 종일 스마트폰을 손에 쥐고 산다. 궁금한 건 바로 모바일 포털 화면에서 검색하고, 포털의 메인 화면에 뜬 기사를 훑어본다. 커뮤니티에 들어가 새로 게시된 글을 살펴본 뒤, 페이스북·인스타그램·트위터 등 SNS도 구경한다.

이렇게 스마트폰을 들여다 볼 때는 즐겁다. 웃긴 게시글을 볼 때면 스트레스가 풀리는 것 같다. 하지만 짧게는 몇 분, 길게는 몇 시간 스마트폰을 한 뒤에는 왠지 모를 공허함이 밀려온다. 뭔가를 열심히 봤지만, 머릿속에 남는 건 없다. 작은 화면에 집중하다 보니 눈도 침침해진다. 뒷목과 어깨도 뻐근해지는 것 같다.

종이신문을 하나만 배달시켜 보자. 스마트폰이나 컴퓨터를 통해 눈으로 대충 훑는 건 '신문 읽기'에 해당 안 된다. 회사로 출근한 뒤, 자리에 앉아 종이신문 1면부터 맨 마지막 장까지 손으로 넘기면서 위에서 아래로 훑어보자. 정치, 경제, 사회, 기업, 국제, 문화, 부동산, 재테크, 사람들의 이야기 등.

스마트폰으로 보던 좁은 세상과는 한 차원 다른 세계

가 펼쳐지는 것 같다. 대기업과 중견기업, 중소기업들의 이야기도 흥미롭다. 방송으로 흘려듣던 뉴스 외에 이런 소식들도 있었구나. 내 관심거리를 끄는 기사들도 생각 외로 많다.

밑져야 본전인 셈 치고 몇 달 동안 조간신문을 읽기 시작했다. 그랬더니 크고 작은 변화들이 생기기 시작했다. 일단 가장 큰 변화는 '내가 채워지는 있다는 느낌'이다.

모임에 나가거나 다른 사람과 얘기할 때 우리 회사 이슈 말고 대화할 거리가 많아졌다. 아는 척도 곧잘 할 수 있게 됐다. "김 대표 보기보다 똑똑하네"라는 말도 듣는다. 기분이 좋아진다.

신문을 아주 오랜 기간 읽고 있는 여성CEO들은 '우리 경제의 큰 흐름'이 보인다고 했다. 내 업종이 어떻게 될 것인지에 대한 감 같은 게 생기는 느낌이라고 했다. 경제는 유기체다. 내 업종만 홀로 있는 게 아니다. 다양한 분야가 톱니바퀴처럼 맞물리면서 돌아간다. 그렇기 때문에 다양한 분야에 대한 지식이 필요하다.

이기화 다산회계법인 대표 역시 종이신문 애호론자

다. 이 대표는 조간신문을 읽는 게 하루 일과의 시작이다. 다양한 업종의 기업들을 클라이언트로 두고 있기 때문에 다방면의 지식이 필요하다. 중요하다 싶은 기사는 스크랩을 하기도 한다. 신문으로도 지적 호기심이 안 풀리면 전문서적을 찾아본다.

"신문에는 웬만한 일의 해법이 들어있어요. 전혀 풀리지 않을 것 같은 문제의 실마리를 찾은 적도 있다니까요."

신문을 보는 여성들은 더 똑똑해질 것이다. '여자는 무식하다'는 편견도 사라질 테고.

●
○
●

다른 사람들은 사업 어떻게 할까?

월급쟁이로 살 때는 동지들이 많았다. 커피 마시면서 김부장, 이 차장 뒷담화를 하고, 퇴근 후엔 맥주 한잔할 수 있는 동료들이었다. 고달픈 직장생활이었지만 함께 가는 동지들이 있어서 스트레스와 애환을 훌훌 털어버릴 수 있었다. 이런 소소한 일상 덕분에 잘 버텼다. 월급쟁이의 낙이었다.

하지만 사업을 하다보면 정말 혼자라는 느낌이 든다. 영업 실적이 잘 안 나온다고, 판로 개척이 잘 안된다고, 직원과의 트러블이 생겼다고 아무나 붙잡고 하소연할 수 없다. 내 결정이 맞는 건지, 회사 내에서 물어볼 사람도 없다. 부하 직원들에게 푸념을 한다면 그들은 나를 어떻게 받아들일까. 나는 그래도 명색이 사장이 아니던가.

그래서 외롭다. 직원으로 회사를 다니는 것보다 몇 배나 더 외롭고 힘들다. "사업을 하고 남들보다 돈을 많이 버니 그 정도쯤은 감수해야지" 하는 시선도 있다. 하지만 힘든 건 힘든 거다. "삼성그룹 이건희 회장도 고민이 있다"는 우스갯소리도 있지 않은가. 힘듦의 경중은 처한 상황과 개인마다 다르지만, 고민 없는 사람은 없다.

여성CEO여서 더욱 외롭다. 아직 이 세상은 남자 위주로 돌아간다. 특히 회사 경영은 더더욱 그렇다. 내가 겪고 있는 상황과 회사의 미래에 대한 고민에 대해 누군가에게 털어놓고 싶다. 비슷한 길을 걷고 있는 사람이라면 더더욱 좋겠다. 꼭 해답을 얻지 않아도 좋다. 그저 위로를 받고, "당신만 힘든 게 아니다"라는 따뜻한 공감대만이라도 느껴봤으면 좋겠다.

그래서 여기저기 기웃거린다. 각종 모임을 기웃거리

고, 대학의 최고경영자 과정도 찾아본다. 회원들 면면을 보니 다들 화려하고, 기업 규모도 크다. 다들 학력도 빵빵하다. 내 회사는 아직 작은 규모라 내 명함을 어디 내밀기도 조금 민망하다.

열심히 이곳저곳 뒤지다가 찾은 곳은 여성CEO들의 모임이다. 우리나라에는 몇 개의 여성기업인을 위한 모임이 있다. 국내 가장 큰 규모인 한국여성경제인협회를 비롯해 벤처기업의 성격을 띠는 기업인들을 위한 여성벤처협회 등이 대표적이다.

이들 단체들은 각 지역별로 지회를 꾸린다. 내 사업장이나, 내 집에서 가까운 지회에 가입하면 된다. 단체는 소분과로 구성됐다. 내 회사의 업종이나 내가 관심 있는 분야의 분과에 들어가면 된다.

이곳의 가장 큰 장점은 '자매애'가 넘실거린다는 것이다. 이곳에 모이는 여성들은 모두 기업을 하고 있다. 매출이 잘 나오고 규모가 꽤 큰 기업을 하는 기업인들은 초창기 회사를 이끄는 후배 여성CEO들에게 피가 되고 살이 되는 조언을 해 준다. 어디에서도 들을 수 없는 값지고 귀중한 충고다.

　여성기업인들이 가장 힘들어 하는 부분이 판로 개척이다. 기발한 아이디어를 바탕으로 꽤 괜찮은 제품을 만들었다. 그런데, 사는 사람이 없다. 아니, 팔 곳이 없다. 세상엔 수없이 많은 가게와 온라인몰이 있는데, 내 제품엔 다들 관심조차 없다.

　많이들 하는 고민이다. 실제로 여성기업인들의 대다수가 이런 어려움을 관련 단체를 통해 해결했다고 했다. 수많은 정보와 제도가 있지만, 내 기업에 맞는 게 어떤 건지 잘 모르겠다. 정보의 과잉, 홍수 시대다. 그럴 때 먼저 경험한 선배 기업인들이 나선다.

　여성기업인들로 꾸려진 단체 카톡방(카카오톡방)의 모습은 실로 장관이다. 화장품을 제조하는 중소기업 사장인 A씨. K뷰티 열풍을 타고 동남아 등 해외 진출이 하고 싶다. 국내 화장품 커뮤니티에서 입소문을 타며 어느 정도 인정받았다고 자부한다. 하지만 해외에 나갈 생각을 하니 정말 막막하다. 어떻게 수출해야 할지 감이 안 온다. 엄두도 안 난다.

이런 고민을 단체 카톡방에 올리자 주루룩 답변이 달린다. 판로 개척에 대한 A부터 Z까지 조언들이 쏟아진다. 생생한 경험담도 올라온다. 당장 어떤 박람회를 나가야 하고, 중소기업진흥공단의 어떤 사업을 활용하면 되니 담당자 OO씨에게 연락해 보라고 한다. 내가 먼저 그 담당자에게 전화 한 통 넣어주겠다는 고마운 말과 함께.

경쟁자가 아니다. 같이 가는 동반자들이다. 한 명이라도 낙오해선 안 된다. 힘들어 보이면 쉬게 해 주고, 다독이고, 그래도 힘에 부쳐 버거우면 업어주기까지 한다. 그래야 우리가 가는 길이 넓어지고, 후배들이 따라오기 쉬워진다. 다들 한결같은 마음이다.

여성 특유의 '긍정적인 오지랖'이 빛을 발하는 순간이다. 본능적으로 서열을 나누고, 뉴 페이스에 대한 견제가 작동하는 남성 커뮤니티와 다르다. 모두가 평등한 관계다. 연륜과 경험이 더 많은 사람이 자연스럽게 멘토가 된다. 신입 멘티를 이끌어주며 건전하고 생산적인 관계를 만든다.

사업에 대한 실질적인 도움을 얻는 것뿐만이 아니다.

자매애로 끈끈해진 여성CEO들은 취미생활도 함께한다. 골프를 치고, 합창을 한다. 함께 공연을 보러 가고, 맛집도 찾아다닌다. 삼삼오오 모여 식사를 하고 차를 마시며 친목도 다진다. 우리가 본받을 만한 괜찮은 사람이 있으면 초청해서 강연도 듣는다.

간접 체험의 효과는 실로 대단하다. 나보다 잘하는 동료 여성CEO의 이야기를 들으면 자극이 된다. 고전하고 있는 여성기업인은 서로 다독인다. 어떻게 해결책의 실마리를 찾으면 좋을지 같이 머리를 맞대기도 한다. 그렇게 서로에게 자극을 주고, 자극이 된다. 건전하고 생산적인 관계다.

이기화 다산회계법인 대표는 한국여성경제인협회(여경협)의 서울지회장을 맡고 있다. 1977년 출범한 여성경제인협회는 국내 최대 여성 최고경영자(CEO) 조직이다. 장영신 애경그룹 회장이 회장을 맡은 1999년 법정단체가 됐다. 회원사는 1,800여 개로 70%가 제조업체다.

330여 개 회원사로 이뤄진 서울지회는 여경협 지회 중 최대 규모다. 이 대표는 협회에 1992년 가입해 오랫동안 활동해 왔다. 지난해 서울지회장에 취임했다.

지난해 한 공공기관장에게 이런 불만을 들었다. "여성기업 제품을 써보고 싶은데 회사가 어딨는지 찾기 어려워요. 정보가 없습니다"는 것이다. 모든 공공기관은 물품이나 용역을 구매할 때 전체 액수의 5% 이상, 공사 발주의 3% 이상 일감을 반드시 여성기업에 할당해야 한다. 여성기업지원에 관한 법률에 따라 2014년 1월부터 시행된 '여성기업 공공구매제'다.

하지만 현장에선 이런저런 이유로 잘 지켜지지 않는다. 고심하던 이 대표는 공공기관들이 핑계를 대지 못하도록 주요 여성기업의 정보를 한곳에 모은 책자를 얼마 전 발간했다. 여성기업뿐 아니라 공공기관의 호응도 뜨겁다.

공공조달 브로슈어의 이름은 '여성경제인, 대한민국 경제를 꽃피우다'다. 조달청의 경쟁 입찰 참가자격 등록증을 구비하고, 공공조달에 참여하는 90여 개 여성기업의 정보를 실었다. 주요 고객사와 여성기업 확인서, 경쟁입찰 참가자격 등록증 등 자격 여부도 함께 실어 신뢰

도를 높였다.

기업들을 가나다순, 업종별, 키워드별 등 세밀하게 분류했다. 공공기관이 필요한 물품과 용역을 찾기 쉽도록 했다. 효과는 금세 나타나고 있다. 공공기관을 '뚫은' 여성기업들이 많아지고 있다. 안정적인 공급처를 확보하니 회사도 쑥쑥 큰다.

이처럼 협회나 단체를 잘 활용하면 '자다가도 떡이 생긴다.' 개별 기업이나 나 혼자의 힘으로는 할 수 없는 일들이 가능해진다. 여성 사장들의 네트워크, 말만 들어도 얼마나 멋지고 대단한가. 우리도 남자들처럼 똘똘 뭉쳐다니면서 힘을 키워보자.

●
○
●

10년 뒤 내 회사의 모습을 상상하라

변화의 속도가 점점 빨라진다. 자고 일어나면 세상은 그새 또 조금 변해 있다. 몇 시간 동안 다른 일을 하느라 뉴스를 못 보면 그새 업데이트되는 소식들이 쌓인다. 새로운 제품은 하루에도 수백 개 쏟아진다. 사람들의 마음은 점점 갈대처럼 변해 간다. 금세 싫증내고, 또 괜찮은 것으로 옮겨간다.

영원한 것은 없다. 남녀 간의 사랑도 유효기간이 있을 진대, 하물며 기업의 생존 기간은 점점 짧아지고 있다. 100대 기업 안에 들 만큼 규모가 컸던 회사도 자칫 흔들리게 되는 건 한 순간이다. 그러니 작은 기업이면 더더욱 불확실성의 시대를 살아가는 것.

요즘은 어딜 가나 4차 산업혁명을 이야기한다. 우리 사회와 경제 전반의 패러다임을 바꿀 변혁은 이미 시작됐고, 쓰나미처럼 변화의 물결이 밀려올 것이라고 한다.

'뭘 준비해야 하나' 불안감이 드는 게 사실이다. 어영부영, 우왕좌왕 하다가 제대로 대비하지 못한 채 변화의 소용돌이에 들어가면 어떡하지. 책도 읽어보고, 이런저런 강연도 들어본다.

클라우스 슈바프 세계경제포럼(다보스포럼) 회장은 인공지능(AI), 로봇기술, 생명공학 등이 4차 산업혁명을 가져올 것이라고 한다. 그 변화의 속도와 범위가 인간의 상상을 뛰어넘을 것이라는 말도 나온다. 내가 속한 직종은 과연 살아남을지, 내 회사는 언제까지 갈 수 있을지, 또 내 아이들의 세대는 어떤 직업을 택해야 할지 걱정이다.

사람과 기계, 기계와 기계가 연결되는 4차 산업혁명이 가져올 세상은 승자독식 게임이 될 거라고 한다. 디지털 경제는 플랫폼이 가치의 원천이 될 것이란다. 애플·아마존·페이스북·구글·마이크로소프트(MS)처럼 데이터를 가진 기업이 승자다. 데이터가 돈이고 권력이 된다.

그렇다면 나의 회사는? 여성CEO들이 이끌고 있는 소수의 회사들은 어떻게 될 것인가. 생각이 많아진다. 어떻게 준비해야 할까. 10년 뒤 내 회사는 어떤 모습일까. 그때까지 살아남아 있을까.

세간의 편견과는 달리 여성CEO들은 생각보다 꽤 적극적이고 능동적이다. 변화를 그리 두려워하지 않는다. 모험과 도전도 서슴지 않는다. 물론 처음엔 놀라고 당황하지만 이내 평정심을 되찾고 냉정하게 내다본다. 때로는 과감한 모습도 보인다.

이들을 취재하다보니 사업이나 일상에서 어려운 일에 직면했을 때 포기하지 않고 어떻게든 극복하고 해결하려는 모습을 종종 목격하게 됐다. 경영자로서의 책임감이다. 꽤 의리도 있다. 조직과 구성원의 생존이 나에게 달려 있다는 사명감도 보인다. 그러다 보니 본인도 모르게 적극적으로 나서게 된다.

좋은 학교를 나온 것, 공부를 많이 한 것보다 더 중요한 게 있다. 적절한 판단력, 위기에 대한 대처 능력, 직원들에 대한 책임감, 어려움에 굴하지 않는 담대함, 포기하지 않는 끈기, 그리고 판이 돌아가는 것을 적절하게 읽어내는 센스.

여성에게는 특유의 '촉'이 있다. 여자들은 물론 이성적인 부분도 발달했지만, 어떠한 상황에 처하면 본능적으로 감각적인 방어기제가 작동한다. 내 자신과 나의 주변을 보호하기 위한 본능이다.

여성들은 아주 오래 전부터 집을 지키는 역할을 맡았다. 남자들이 사냥을 가면 오랫동안 집에서 가사 일을 하면서 동시에 아이를 돌봤다. 가정 지킴이였다. 그러다 보니 외부의 공격이나 자극에 민감하게 반응하는 능력을 갖추게 됐다.

시간이 많이 흐르고 세상이 변하면서 여성의 전통적인 역할은 점점 사라졌다. 하지만 수천 년 동안 여성의 DNA 속에 자리 잡게 된 '촉'은 여전히 남아있다. 사회 변화에 따라 이 촉은 변화를 거듭해 여성들만이 갖고 있는 센스로 업그레이드 됐다.

통계청에 따르면 남성의 경제활동참가율은 74.6%이지만 여성은 53.4%로 아주 낮다. 단순히 '여자들은 능력이 달려' 하고 치부할 문제가 아니다. 사회 구조적인 장애물은 없는지 따져봐야 한다. 회사의 대표를 기준으로 하면 전체 사업체 중 여성이 대표인 회사는 37.53% 수준(2015년 말 기준)이다.

뛰어난 경영 능력과 리더십으로 사업을 크게 일군 여성기업인도 있다. 그러나 정부에서 조사를 해 보니 여성기업의 95% 이상이 근로자 5인 이하의 소상공인이다. 아주 작은 경영환경 변화에도 생존이 걸릴 만큼 열악한 경우가 많다. 성공의 길은 아직 멀고도 험하다.

일을 하는 여성들, 즉 여성의 경제활동 참여율이 높아지면 경제가 성장한다. 객관적으로 봤을 때, 여성은 남자들보다 일하기 어려운 환경에 처해있다. 일과 가정의 양립, 출산과 육아의 부담, 남성 위주의 지배구조, 네트워킹의 한계 등 장애 요소가 너무 많다.

여성이 기업을 경영하기는 더더욱 어렵다. 그렇기 때문에 여성CEO를 지원해야 한다. 여성기업의 95%가 소상공인일 정도로 열악한 게 현실이다. 여성기업 육성자금을 확대하는 등 새로 출범한 중소벤처기업부에서 제도적으로 뒷받침해 '여성 스타 기업'을 많이 키워야 한다.

여성CEO 스스로도 '맷집'을 키울 필요가 있다. 열악한 상황에서도 여기까지 기업을 일군 것은 참 장하다. 하지만 현실에 안주하고 변화와 도전을 두려워한다면 발전은커녕 생존까지 위협받을 수 있다.

여성들만의 센스와 촉을 기업 경영에 잘 활용해 보자. 발전적이고 긍정적인 방향으로 작동한다면 시너지 효과가 꽤 클 것이다. 10년 뒤, 20년 후에도 건재한 회사로 만들어야 하지 않겠는가.

4차 산업혁명이 인류에게 위기가 될지 기회가 될지 아무도 장담할 수 없다. 거대한 파고가 사회와 개인에게 밀어닥칠 것이란 사실만은 확실하다. 변화하는 세상에서 온전히 살아남으려면 평생 학습하고, 변화를 수용하

고, 적응해야 하며, 디지털화하고, 연결돼 있어야 할 것
이다.

《세븐 체인지》의 시작은 작은 아이디어로부터 비롯됐다. 기자로 일하면서 많은 CEO들을 만나고, 그중엔 여성기업인들도 있었다. 특히 여성기업인들은 세간에 잘 알려지지 않은 사람들이 많았다. 자기 자리에서 묵묵히 제 할일을 하며 기업을 키워가는 성실한 사람들이었다.

여성CEO를 소개하는 고정 코너를 연재하게 됐다. '김정은 기자의 여풍당당'이라는 이름이었다. 괜찮은 여성CEO를 알게 돼 기사를 썼으나 지면의 한계로 다 담지 못한 이야기들이 안타까웠다. 또 기사 문체상 딱딱하게 전달해야만 했다. 아쉬웠다.

또 이들의 인생 이야기를 들으면서 '나 혼자 알고 있

기는 참 아깝다'는 생각도 들었다. 다른 사람들에게도 큰 울림을 줄 것 같았다. 이들의 경험담이 주는 교훈을 텍스트로 남기는 것이야말로 참으로 가치 있는 작업이 될 것 같았다.

그래서 시작했다. 이들을 다시 만나서 희로애락을 함께 나눴다. 어떤 고민을 하고, 어떤 생각을 하며, 누구를 만나고, 어떤 계획을 갖고 있는지를 귀 기울였다.

좀 놀랐다. 내가 생각했던 것보다 여성CEO의 인생은 많이 외로운 길이었다. 드넓은 들판을 홀로 걸어가는 것 같다고들 했다. 산전수전, 우여곡절 끝에 이 자리까지 올 수 있었지만 정말 힘들었다고 했다. 앞만 보고 달려왔기 때문에 후회도 든다고 했다.

이들이 하는 이야기를 정리해 봤다. 그리고 우리가 어떤 교훈과 조언을 얻을 수 있는지도 곰곰이 생각했다. 나 혼자만 알기는 아까운 콘텐츠였다.

국내 대표적인 여성CEO들의 인생 및 사업 이야기는

그래서 그 자체만으로도 메시지가 있다. 이들이 겪었던 일들이 후배 여성들에게 반면교사가 될 것이다. 또 이들이 들려주는 7가지 교훈을 통해 우리 사회가 조금이라도 발전할 수 있을 것으로 기대한다.

아직 어린 내 딸이 커서 창업을 할 때쯤엔 세상이 많이 바뀌어있길 바란다.

운명을 바꾼 그녀들의 성공습관
세븐체인지

제1판 1쇄 발행 | 2017년 12월 1일
제1판 3쇄 발행 | 2017년 12월 20일

지은이 | 김정은
펴낸이 | 한경준
펴낸곳 | 한국경제신문 한경BP
편집주간 | 전준석
책임편집 | 유능한
저작권 | 백상아
홍보 | 남영란 · 조아라
마케팅 | 배한일 · 김규형
디자인 | 김홍신
본문디자인 | 디자인현

주소 | 서울특별시 중구 청파로 463
기획출판팀 | 02-3604-553~6
영업마케팅팀 | 02-3604-595, 583 FAX | 02-3604-599
H | http://bp.hankyung.com E | bp@hankyung.com
T | @hankbp F | www.facebook.com/hankyungbp
등록 | 제 2-315(1967. 5. 15)

ISBN 978-89-475-4276-0   03320